참 상인의 길

작은 가게를 성공시키는 사장의 마음가짐

하덕현 지음

piper
press

추천사

"세상을 바꿔보지 않을래요?"

적은 돈과 여유 없는 마음으로 창업을 준비하고 있을 때 그가 내게
물었다.
'갑자기? 세상을 바꾸자고?…'
이후에도 작은 선술집 창업을 함께 준비하며 그는 사업과 관련 없어
보이는 질문들을 꾸준히 해왔다.
"오늘 에너지는 어때요?"
"요즘 무슨 생각을 제일 많이 하나요?"
재개발 예정지 근처로 가게 자리를 보게 되었을 때도,
터무니없이 적은 예산에 맞춰 집기를 구하러 갈 때도,
언젠가 고장날 것이 거의 확실한 중고 가전을 사야 했을 때도.

개업 후에 가게를 운영하며 나는 그가 했던 질문들의 의도를
자연스레 알게 되었다.
소자본 창업의 유일한 밑천은 기적을 묵묵히 만들어내는 건강한
에너지를 가진 한 사람이라는 것을.
손님들은 서서히 이 투명한 빛 아래로 모여주신다는 것도.
그가 건넨 질문들은 한계 안에서 나를 미래로 데리고 가는 문이었다.

이 책의 이야기들은 지극히 현실적이고 직관적이어서 멋진 사업가가 되는 법이나 돈을 많이 버는 법 같은 건 찾을 수 없다.

단지 '나'와 나를 둘러싼 작은 세상 하나 바꿀 수 있는 힌트를 다정히 알려줄 뿐이다.

그의 질문들은 가진 것이 없다고 느꼈던 시절에도, 용기를 모아가고 있는 지금도 여전히 나를 미래로 데리고 간다.

———— **선술집 또또 대표 최윤선**

당신이 지금 '소자본'으로 외식업을 '창업'하려는 분이라면 무조건
이 책의 필독을 권합니다.

그런데요,
위의 세 단어 – 즉, 소자본 / 외식업 / 창업과 무관하다 할지언정
이 책은 대단히 유용합니다.

일례로, 저는 아티스트 매니지먼트 회사를 운영하고 있고 새로이
창업을 도모하고 있지도 않지만 오늘만 해도 『참상인의 길』을 다시
읽으며 좋은 에너지를 유지하기 위해 최선을 다하고 나의 일과
이 하루에 만나는 사람들을 감사히 여기며 그 와중에 (가능하다면)
유머까지도 장착해 보려 애쓰게 됩니다. 이 책은 그런 마음이 들게
하는 책이에요.

저는 운이 좋게도 이 책의 저자인 하덕현 씨와 마주 앉아
대화를 나눌 기회를 얻었더랬는데요, 참으로 유쾌하고 유익한
경험이었습니다. 아쉽지만 세상의 모두가 그와 직접 대면해
이야기를 나눌 수는 없을 터이니 부디 이 책이 오래 널리 사랑받고
그래서 보다 많은 분들이 그가 들려주는 다정하고 사려 깊은
노하우를 누리실 수 있기를 바랍니다.

─────── **두루두루 아티스트 컴퍼니 대표 강명진**

여러분의 시간을 단축하기 위해서 바로 결론부터 말할까 합니다.

소자본 창업 100% 성공하는 방법.

두구두구두구두구⋯
북 치는 소리

장소성, 고유성, 서비스 마인드.

이 세 가지만 있으면 소자본이어도 성공할 수 있습니다.

이걸 두 가지로 줄인다면 서비스 마인드와 고유성!

단 한 가지로 줄인다면?

참상인이 되는 겁니다.

갑자기 웬 참상인이냐고요?

자금이 넉넉한 사람은 취향으로 창업할 수 있겠지만 자금이 부족한

사람은 성향으로 창업해야 합니다.

우리에게는 변화가 아니라 혁명이 필요해요.

혁명이란 세상을 바꾸는 것이 아니라 자신을 재정의하는 것.
정희진의 말
브랜딩, 상권, 인테리어와 디자인, 이제 이런 단어들은 놓아주세요.

우리가 가진 것은 간신히 마련한 보증금과 나 자신뿐이라는 것을

상기해 주세요.

한계를 가진다는 것은 좋은 일이라고 생각해요.

불필요한 에너지와 시간을 단축할 수 있으니까요.

주어진 한계에 집중해서 몰입하면 괜찮은 아이디어와 놀라운

일들이 생길 수 있어요.

이제 우리는 감각과 태도만으로 승부를 보아야 합니다.

뭔가 조금 비장하기도 하고 그럴 듯하네요.

그런데 참상인이 뭐냐고요?

좋은 에너지를 가지고 일하고, 직업 윤리가 있으며, 손님을 기적으로

여기고, 이윤을 남기는 사람입니다.

여기에 유머까지 더할 수 있다면 금상첨화겠네요.

당신이 이 책을 통해서 작은 성취를 이룰 수 있기를 바랍니다.

목차

8   프롤로그

13   왜 〉 어떻게 〉 무엇을
            왜 〉 어떻게 〉 무엇을
            '나만의 아지트'는 이유가 될 수 없다
            장사의 좋은 점

23   소자본 외식업 창업이란: 전략하지 않을 전략
            단서 찾기: all about me ♪
            전략하지 않을 전략
            취향보다 성향

37   사업 아이템 정하기: 경쟁을 피한다
            우리가 돈이 없지 서비스 마인드가 없냐
            사업 아이템 정하기: 경쟁을 피한다
            고유성: 사장의 걱정은 현실이 된다
            방어진 블루

57   장소성: 처지와 우연이 찾은 곳
            처지와 우연이 찾은 곳

67   상호 정하기: no name, no gain
            no name, no gain
            실제 사례 - 인생의 단맛, 독일주택, 수도원, 법원, 헌술방,
                      텅, 비어있는 삶, 포캣빌라, 서당개2년로스터즈
                      +풍월, 두루미, 오무사, 또또
            영향 받은 상호 - 절벽, 커피 방앗간, 무대륙

83   인테리어① : 한계가 빚어낸 미학
            특색 있는 소박함
            한계가 빚어낸 미학 - 공사 항목, 예산 정하기,
                            원하는 분위기(콘셉트) 정하기,
                            직영 공사 vs 인테리어 회사
            맨정신이 마약

99   인테리어② : 분위기 메이커
            분위기 〉 기능성
            밸런스보다는 치우침
            환경에 조응하는 일
            언젠가 가게는 영화가 될 것이다
            음악 사용법
            한 결의 가게들 - 수도원, 커피한잔, 도어즈

115   직업 윤리: 상인은 상인답게
      상인은 상인답게
      운영이 90%
      장사, 그 쇠잔함에 대하여
      임시 휴업은 없다
      손님과의 거리
      한 사람

129   아무도 해주지 않은 말
      수모를 견디는 일
      문제 해결의 크기가 사업의 크기
      책임지니까 사장이다
      명분이 없는 일은 고난에 취약하다

145   직원 채용: 재미없으면 모두 떠나갈 것이다
      재미없으면 모두 떠나갈 것이다
      서울대는 엉덩이로 참상인은 족저근막염으로
      언제까지 사장이 매장에서 근무해야 하나요?
      니네가 노는 거지 일하는 거니?
      낙타의 등처럼 둘이서 가라

161   2호점 만들기: 나 아닌 모든 것
      모노드라마에서 이인극으로
      나 아닌 모든 것
      공간의 생명력
      첫 번째 가게와 두 번째 가게 비교
      님아, (동지 없이) 그 강을 건너지 마오
      가보지 않은 길
      사업을 확장하며 했던 고민들

177   에너지 관리: 마음의 포렌식
      마음의 포렌식
      부정적인 말 하지 않기 / 걸음아 날 살려라 / 모닝 루틴 /
      수영 했수영? / 명상 / 일기 쓰기 / 오디오북 / 금강경 /
      단식 / calm calm 산악회 / 성공은 불편한 곳에 / 랑데부
      포인트 / 마일리지 / 리추얼 음악 / 몸과 영혼의 에너지
      발전소 / 비전 선언문

191   일과 사랑
      홀겹의 깨달음
      죽어야 끝나유
      일과 사랑
      작은 성취

207   에필로그

소중한 시간과 에너지를 나눠준 현현의 동료들에게

왜
어떻게
무엇을

왜 장사를 시작하려고 하시나요?

컨설팅 의뢰를 받거나 누군가 장사에 대한 질문을 할 때 제일 먼저
물어보는 질문입니다. 왜라는 질문은 지금이 아니면 할 수 없으니
진지하게 생각해 보고 답변해 보세요. 창업이 시작되면 대부분
'어떻게'와 '무엇을'에 대한 고민만 하기 때문입니다.

무엇을 하는가보다는 어떻게 하는가가 중요하고 그보다는
왜 하는가가 더 중요합니다. 이유가 확립되지 않으면 긴 장사의 여정
속에 쉽게 지치거나 포기하는 일이 발생합니다.

저는 순전히 경제적인 이유였어요.
당시에는 사진 찍는 일을 하고 있었는데 수입이 들쭉날쭉했고 삼십
대 중반이 되어가자 덜컥 겁이 났습니다. 그때 알았어요. 예술을
놓고 할까 말까를 계속 고민한다는 것 자체가 재능의 부재라는
사실을.
그리고 사람들은 제가 즐거워하는 일에 돈을 지불하는 것이 아니라
본인들이 즐거워야 지갑을 연다는 사실을.

많은 사람들이 하고 싶어하는 일은 수요에 비해 공급이 많아서
돈을 벌기가 쉽지 않습니다. 얼마나 많은 카페가 만들어지고
사라지는지를 보세요.
제가 원하는 조직은 저를 원하지 않았고, 저를 원하는 곳들은 제가
가기 싫었습니다. 더 이상 물러날 곳이 없다고 느꼈던 그때, 장사를
해야겠다고 마음먹었어요.

자화상, 2010

'나만의 아지트'는
이유가 될 수 없다

이 질문을 했을 때 의외로 많이 듣게 되는 대답은 자신만의 아지트를 만들고 싶다는 말입니다. 특히 카페나 바 창업을 꿈꾸는 분들이 그런 생각을 많이 하시는 것 같아요.

사람들이 나의 취향이나 아지트에 관심이 있을까요?

그런 곳에 돈을 쓸 확률은?

거의 없다고 봐야 해요. 게다가 우리는 적은 돈으로 창업을 준비 중이잖아요. 소자본 창업으로 성공하는 아이템은 손님에게 즐거움을 제공하거나 불편을 해소해 주는 일밖에 없다고 생각해요.

실은 자본이 더 있어도 비슷하다는 생각입니다.

그래서 저는 오히려 경제적인 절박함이 낫다고 생각해요. 불필요한 잡음이 사라지고 내 앞에 있는 일에 집중할 수 있으니까요.

내가 장사에 집중할 수밖에 없는 이유를 찾으세요.

없다면 꼭 만들어야 합니다. 집중만이 에너지를 만들고 놀라운 결과를 이뤄낼 수 있으니까요.

장사를 해야 하는 이유를 적어보세요.

누구에게도 말할 수 없는 솔직한 이유를.

그 시절 저의 답변은?

    ○ 지금 하는 일로 경제적 자립을 할 자신이 없다.

    ○ 다시 공장으로 돌아가거나 배달을 하기 싫다.

    ○ 어머니 부양.

    ○ 많다고 생각한 나이.

    ○ 스스로 서비스 마인드가 있다고 자부.

    ○ 더 이상 물러날 곳이 없다.

    ○ 왠지 잘될 것 같다.

변하지 않을 단단한 이유를 찾으셨나요?

그러면 다음 페이지로 넘어가시죠.

왜, 어떻게, 무엇을

장사의 좋은 점

본격적으로 창업을 준비하기에 앞서 장사의 이점에 대해서 먼저
말해볼게요. 이후에는 조금 어려운 이야기들을 할 수 있으니 즐거운
이야기부터 해보려고 합니다.

수입

아무리 소자본 창업이라고 해도 저는 꼭 월 500만~1000만 원 이상의
순수익을 목표로 장사를 시작하라고 권합니다.

충분히 가능한 금액이고요, 여러분이 앞으로 사업에 헌신할 노력을
생각하면 합당한 금액이라는 생각이 듭니다.

유명한 프랜차이즈 브랜드의 실제 수익을 검색해 보시면 그리
높지 않다는 걸 알 수 있을 텐데요, 그 이유는 수익의 실현 주체가
내가 아니라 본사이기 때문입니다. 스스로 해야 할 고민과 노력의
대부분을 본사에서 해주기 때문에 수익이 높을 수가 없습니다.

우리가 사업에 투자할 금액이 3000만~1억 원 사이라고
생각한다면 제가 제시한 목표 수익이 얼마나 높은 금액인지 알 수
있을 거예요.

그리고 무엇보다 중요한 건 소비입니다. 수입은 늘었지만
상대적으로 소비는 급격히 줄어듭니다. 우선 돈을 쓸 시간이 없고,

고생해서 번 돈이기 때문에 함부로 사용할 수 없게 됩니다.

그리고 우리는 투자한 금액을 회수해야 하잖아요.

아마 대부분 은행이나 주변에서 돈을 빌렸을 텐데 그 돈의 변제를

최우선으로 생각하기 때문에 소비는 거의 일어나지 않습니다.

그래야 하고요.

몰입

인간이 가장 행복을 느낄 때가 완전한 몰입을 할 때라고 하는데요.

몰입에 관한 책과 동영상 강의를 봐도 실제로 몰입하기는 쉽지 않을

거예요.

『몰입의 즐거움』의 저자 칙센트미하이는 몰입에 필요한 조건

세 가지를 1. 뚜렷한 목표 2. 즉각적인 피드백 3. 과제와 능력의

균형이라고 꼽았습니다.

장사를 시작하게 되면 이런 상황에 저절로 놓이게 됩니다.

특히 초기 3년 정도는 극도로 각성한 상태에서 일하게 되는데요, 이

시기를 잘 활용해야 합니다.

저는 장사를 하기 전에는 스포츠에 관심이 많아서 EPL(English

Premier League)에서부터 골프까지 안 보는 종목이 없었어요.
영국 프로 축구 리그

심지어 인도의 크리켓까지 찾아서 시청할 정도였어요.

하지만 장사를 시작하고 나서는 스포츠를 보지 않았습니다. 볼 수

없었다는 말이 더 정확하겠네요. 그때의 습관이 지금도 남아서

월드컵이나 올림픽 경기도 이제는 시큰둥해요. 종종 하이라이트를 찾아볼 뿐이에요.

포털 사이트도 특별히 검색할 거리가 있지 않으면 들어가지 않았어요. 두 번째 가게를 오픈하고 나서는 홍보를 위해 SNS 계정을 만들었지만 그전에는 온라인에 머물렀던 시간이 거의 없었던 것 같아요. 이 글을 쓰면서 생각해 보니까 온라인 사용은 적고 몰입해서 일하는데 성공 못하기가 더 어려울 것 같아요.

핑계 없는 삶

저는 이 부분이 정말 좋았어요.

가게를 하기 전에 제 삶은 뭔가 억울함이 있었거든요. 그래서 늘 핑계가 있었고요. 다른 사람들만큼의 기회만 있었다면 더 잘할 수 있었을 텐데, 부양할 어머니만 없었으면… 등등.

직장 생활을 할 때는 상사나 사장님 핑계를 많이 대잖아요. 이제는 그 무엇에도 핑계를 댈 수 없습니다. 누가 등 떠밀어서 장사를 시작한 것도 아니고요. ('왜'라는 질문이 이렇게 중요합니다)

음식이 맛없는 것도, 매출이 늘지 않는 것도, 단골이 생기지 않는 것도 모두 나의 책임입니다. 내가 고민하고 판단해서 발생한 결과이기에 실패를 해도 성공을 해도 모두 나의 몫입니다. 그래서 실패를 해도 배울 수 있고, 다음을 기약할 수 있어요.

상사의 지시나, 지인의 충고에 따라서 일을 하게 되면 성공을 해도 배울 수가 없습니다. 내 몫이 적거나 혼재해 있기 때문입니다. 이는

곧 장사를 하면서 주변에 휘둘리지 않고, 스스로 결정해야 하는

이유이기도 합니다.

관계

관계에 대한 모든 것이 변합니다.

당연히 새로운 관계가 많이 생기고요, 중요하지 않았던 많은 관계가

정리됩니다. 중요한 관계도 예전과는 양상이 많이 달라집니다.

저는 특히 가족과의 관계가 많이 변했어요. 좋아졌다는 말이에요.

제가 좋아하는 사람의 유형도 변하게 되고요, 나를 좋아해주는

사람도 예전과는 이유가 달라지게 됩니다.

사람의 영혼은 자신이 지는 책임만큼 성장하기 때문입니다.

다이어트

주변을 보면 5~10kg 정도는 모두 빠지는 것 같아요.

평소보다 몸도 머리도 많이 사용하니 자연스런 결과라고

생각합니다.

장사의 좋은 점을 써놓고 보니 여기까지만 읽고 바로 장사를

시작하는 것도 좋겠네요.^^

왜, 어떻게, 무엇을

소자본 외식업 창업이란

: 전락하지 않을 전략

지피지기면 백전백승이라고 했습니다.

하지만 우리에게는 오직 1승만이 필요할 뿐이에요. 그러니 적은 모르더라도 나에 대해서는 정확하게 짚고 넘어가야 해요.

현재의 나와 내가 가진 모든 것을 정리하는 시간을 가져볼게요.

다음 항목들에 너무 고민해서 답하지 말고 담백하고 솔직하게 적어보세요.

다른 사람한테 검증까지 받을 필요는 없지만, 적어도 이 순간만큼은 자신을 속이지 말기를 바랍니다. 비유하자면 내 책장에 꽂혀 있는 책이 아니라 숨겨 두거나 버린 책들을 말해야 하는 거예요.

단점이나 약점을 묻지는 않을게요. 우리는 강점으로만 승부를 볼 생각입니다.

○ 나의 장점

○ 타인에게 물어본 내 장점

○ 내가 좋아하는 것

○ 그동안 가졌던 취미

○ 살면서 했던 모든 일 (아르바이트 포함)

○ 창업에 도움이 될 요소
예) 어머니가 식당을 운영하셨다. 친구가 인테리어 일을 한다.

○ 창업 비용으로 사용할 자금 (대출 포함)

○ 나의 건강 상태와 체력

○ 심리 상태와 각오

○ 염두에 두고 있는 사업 아이템

○ 장사를 통해서 이루고 싶은 것

2012년 당시의 제 답변입니다.

○ 나의 장점

유머

사진을 잘 찍는다.

다양한 직업 경험

긍정적 사고

체력이 좋다.

눈치가 있는 편

아무거나 잘 먹는다.

잠이 없다.

실행력

헝그리 정신

○ 타인에게 물어본 내 장점

웃기다.

인상이 좋다.

화를 안 낸다.

분위기 메이커

아이디어가 많다.

편견이 없다.

부담을 안 준다.

○ 내가 좋아하는 것

문학

인터뷰 읽기

식물 키우기

요리

빨래(세탁기 소리)

고전 영화

위닝 일레븐
축구 게임 시리즈
편지

불교 철학

재즈와 인디 음악

조용함

운동화

배낭

걷기

자전거 타기

사진

혼자서 하는 여행

연극

상상하기

○ 그동안 가졌던 취미

농구

음반 모으기

사진

낚시

식물 키우기

대금 연주

요리

골목 산책

버스 타고 모르는 종점 가기

○ 살면서 했던 모든 일(아르바이트 포함)

신문 배달

레스토랑 서빙

당구장 알바

공장 생산직

전기 공사 기사

삼성전자 A/S 기사

주방 설비 업체 기사

노점 - 꽃, 건강 팔찌

부동산 직원

음식 배달

건설 일용직

다단계 판매원

개그맨 지망생

광고 회사 직원

온라인 쇼핑몰 - 시계

산타클로스 알바

영화 연출, 촬영

프리랜서 사진가

사진 강의

○ 창업에 도움이 될 요소

당시의 처지.

더 이상 물러날 곳이 없이 없다는 상황이 창업에 올인할 수

있게 했다. 좋아하거나 관심 있었던 모든 일을 해봄으로써

다른 일에 대한 미련이 없었다.

○ 창업 비용으로 사용할 자금(대출 포함)

1700만 원.

2000만 원을 대출받았는데 엄마가 300만 원 빌려 감.

○ 나의 건강 상태와 체력

믿는 건 아프지 않은 몸밖에 없다.

○ 심리 상태와 각오

나이는 많은데 이룬 게 없다는 자책과 불안감.(당시 35세)

정말 좋아하는 일을 늦게 시작했는데 중도에 포기했다는

부끄러움.(전공하지 않은 사진을 7년간 하다가 그만둠)

○ 염두에 두고 있는 창업 아이템

뚝배기된장바지락칼국수

집에서 자주 해먹던 음식이었는데 주변의 반응이 좋았고

흔하지 않은 아이템이라고 생각했다.

○ 장사를 통해서 이루고 싶은 것

경제적 자립

엄마의 빚 청산

전락하지 않을 전략

소자본 외식업 창업이란 무엇일까요?

사업이라고 거창하게 생각하기보다는 자신의 일자리를 만든다고
생각하는 게 좋을 것 같아요. 사장이긴 하지만 자발적으로 고용되어
있는(self-employed) 형태입니다.

당연히 처음에는 직원도 없이 혼자서 일할 거고요, 하루 10시간
이상씩 주 6일을 일하게 될 거예요. 매출이 오르면 직원을 뽑게
되겠지만 아직은 아니에요.

새로운 직원이 들어오기 전 가게의 모든 일을 마스터하고 초보
사장의 티를 벗어야 합니다. 직원은 당신이 일하는 모습을 그대로
닮을 테니까요.

소자본 창업은 대박을 꿈꾸기보다는 망하지 않는 구조로 창업하는
게 정말 중요해요. 대박이 나면 좋겠지만 그런 능력이 있는 분은

애초에 이 글을 읽고 있지 않겠죠.

장사는 돈을 벌려고 하는 일이지 쓰려고 하는 일이 아니에요.

너무도 당연한 이 사실을 간과하고 회수가 불가능한 돈을 첫 사업에

투자하시는 분들을 너무 많이 봐왔습니다.

2024년 현재 기준으로 제가 생각하는 이상적인 소자본 창업은

    ○ 부동산 포함 3000만 원 ~ 1억 원의 창업 비용 (권리금 X)

    ○ 14평 이하의 매장 규모

    ○ 임대료 150만 원 이하

    ○ 혼자서 주 6일 근무 (개업 6개월 이내)

    ○ 투자금 2년 내 회수 목표

정도로 세팅하는 것입니다.

참고로 저는 보증금 1000만 원에 월세 30만 원, 인테리어와 집기

비용으로는 700만 원 정도 사용했습니다. 투자했던 돈(대출)은 1년

내에 다 갚았어요.

돌이켜 생각해 보면 가장 잘한 일 중 하나는 임대료가 낮은 곳에서

시작했다는 점이에요. 월세가 싸니까 가게를 준비하는 과정에서도,

운영할 때도 조급함이 없었어요. '적어도 월세가 밀리는 날은

없겠구나'라고 생각하니까 마음이 무척 편안했습니다.

그래서 처음에 손님이 없더라도 제가 생각했던 사업 방향을 지속해

볼 수 있었어요.

취향보다 성향

요즘은 외식업이란 말보다 F&B 라는 말을 많이 쓰고, 업계에 대한
Food & Beverage
관심도 예전보다 훨씬 높아진 걸 실감할 수 있어요.

일 때문에 해마다 방문하는 카페쇼와 주류 박람회는 사람이 너무

많아서 피하고 싶은 행사가 되었어요. SNS의 어떤 댓글에서 '요즘엔

다 F&B를 한다'는 말을 보고 격하게 공감했습니다.

감각적인 '일잘러'들, 인플루언서와 대기업 오너, 디자인과 패션

업계 사람들도 F&B 분야에 진출해서 자신들의 다재함과 취향을

뽐내고 있어요.

경계를 넘나드는 콜라보레이션, 세련된 인테리어와 힙한 굿즈까지.

교외에 생기는 대형 카페들을 보면 피로함을 넘어서 두려움까지

생깁니다.

예전의 외식업계에는 더 이상 물러날 곳이 없는 은퇴자들이

많았다면, 요즘은 자신의 취향과 즐거움을 위해서 시작하는 젊은

사람들이 많은 것 같아요.

'퇴사하고 카페나 해볼까?' 라는 말은 누구나 한 번쯤 해본 생각일

거예요. 당신이 충분히 감각적이고, 업계의 경험도 있고, 자본도

적당하다면 괜찮겠지만, 이 글을 읽고 있는 당신은 예전의 저처럼

그렇지 않을 확률이 높습니다.

그렇다면 우리는 무엇으로 승부를 보아야 할까요?

성향과 태도입니다.

브랜딩이라는 말을 흔하게 사용하는 요즘이지만 그 단어는 잠시
잊어주세요. 우리가 집중해야 할 것은 오늘 가게에 처음 온 눈앞의
손님입니다.

제가 처음 장사를 시작할 때 막연하게 생각한 게 있어요.
'호기심 많고 용기 있는 손님이 가게에 우연히 와서 만족만 하고
간다면, 시간은 걸리더라도 가게는 만석이 될 것이다.'

정말 5개월 뒤에 제 생각대로 되었어요.
상권도 안 좋고, 지하에 있고, 이상한 칵테일을 팔고, 인테리어도
보잘 것 없었지만 손님들이 넘쳤습니다. 술집에 웨이팅을 하는
모습은 당시에는 드문 풍경이었는데, 대중교통이 끊기는 11시에
손님들이 빠져나가면 인근에 사시는 손님들로 새벽까지 다시
만석이 되는 나날이었어요.

이유가 뭘까 궁금하시죠?
손님들이 저희 가게에 와서 이 가게가 잘됐으면 좋겠다고 생각했기
때문입니다.

중요하니까 한 번 더 말할게요.

'소자본 창업자의 목표는 손님들이 이 가게가 잘됐으면 좋겠다고
응원하는 가게가 되는 것이다.'

여러분은 어떤 가게에 가면 그런 생각이 드시나요.
자신의 취향과 감각을 뽐내는 가게?
누군가의 아지트 같은 가게?
세련되고 서비스까지 미니멀한 가게?

아니에요. '응원하고 싶은 가게' 하면 떠오르는 단어들을 나열해
보자면, 따뜻함, 편안함, 단정함, 독특함, 친절함, 성실함 등이네요.
그중에서 가장 중요한 것이 바로 사장님의 일하는 태도입니다.
소자본으로 창업한 작은 가게에서 볼 거라고는 성심으로 일하는
사장님의 태도밖에 없다는 걸 잊지 마세요.
다행인 건 그렇게 일하는 모습이 드물기 때문에 손님들이 금세
눈치채고 그런 가게를 귀하게 여긴다는 겁니다.
개인적으로 자기 일을 열심히 하는 인간의 모습이 무척 아름답다고
생각해요.

나만 알고 싶은 가게.
응원하고 싶은 가게를 이렇게 부르기도 해요.
흔하게 쓰는 말이지만 단순히 맛있는 음식만 판다고 해서 들을 수
있는 말이 아니에요.

그런 곳은 반드시 누군가에게 자랑하고 싶기 마련이고, 잘될 수밖에 없어요.

사업 아이템 정하기

: 경쟁을 피한다

창의적 칵테일 '침묵의 실오라기'

우리가 돈이 없지
서비스 마인드가 없냐

소자본 창업에 있어서 가장 중요한 자질이 뭘까요?

바로 서비스 마인드입니다.

다른 모든 것들은 부족해도 창업할 수 있지만, **서비스 마인드가
없으면 창업이 불가능합니다. 실은 창업을 해서는 안 됩니다.**

만약 이 장에서 당신의 창업이 멈추어 선다면 이 글의 목적은

달성했다고 생각해요. 소중한 돈과 시간을 지켰잖아요.

앞에서 장사의 좋은 점에 대해서 여러 가지를 말했는데, 장사의

무서운 점은 단 한 가지입니다. 직장 생활은 고성과자가 아니어도

유지할 수 있지만 장사는 그렇지 않다는 사실입니다.

장사는 안되면 망하는 거예요.

오로지 장사가 되는 가게와 안되는 가게가 있을 뿐입니다.

가게가 현상 유지를 한다는 건 '천천히 망해간다'의 다른 말일

뿐이에요.

더 무서운 건 장사가 안돼도 쉽게 그만두기 어렵다는 거예요.

당장 안되는 가게를 인수하려는 사람도 찾기 어렵겠지만, 그런

가게라도 유지해야 소상공인 자금 대출도 받을 수 있고, 현금이

돌아서 생활이 가능하기 때문입니다. 그래서 보통 2~3년 사업장을

39

유지하다가 빚만 더 늘어서 폐업하게 됩니다.

제가 첫 가게를 개업하기 위해 위생 교육을 들을 때, 1교시 강사가 했던 말이 생각나네요.

> "시작부터 이런 얘기 해서 죄송하지만 팩트 하나만 말씀드리고
> 수업 진행할게요. 오늘 여기 몇 분이나 모이신 줄 아세요?
> 우리 구청에서만 일주일에 두 번 교육을 진행하고 있습니다.
> 전국적으로는 어마어마하겠죠. 여기 계신 분들 중에 90%는 5년
> 안에 폐업하게 됩니다. 나머지 분들도 다시 5년 후에는 같은
> 비율로 폐업을 하고요."

예비군 훈련처럼 이어폰을 꽂은 채 잠시 눈 좀 붙이려다가 정신이 번쩍 들었어요.

여기 나보다 적은 금액으로 창업을 하려는 사람이 있을까?

바에서 한 번 일해본 적도 없으면서 바를 창업하려는 사람은?

부정적인 생각들이 꼬리에 꼬리를 물고 두려움이 몰려왔던 기억이 납니다.

제가 첫 가게를 오픈하고 얼마 안 됐을 때 방문한 선배한테 들은 말이 있어요.

"이 가게에서 볼 게 너밖에 더 있냐?"

당시에는 초라한 매장을 비꼬는 말인 줄 알고 상처받았는데, 훗날

열심히 일하던 제 태도를 칭찬한 말이란 걸 알게 됐어요.

걱정돼서 들렀는데 제가 손님한테 하는 걸 보고 잘될 줄 알았대요.

저희 회사에서 아르바이트생이나 직원 면접을 볼 때도 목적은
단 하나입니다.

'서비스 마인드가 있는 사람을 찾는다'

다른 모든 것들은 가르칠 수 있지만 서비스 마인드는 가르치기
어려워요. 그런 마인드가 있는 분들은 대개 좋은 동료가 됩니다.

그러면 서비스 마인드가 뭘까요?

감사함을 아는 마음입니다.

손님 입장에서 역지사지로 생각해 보고 하는 행동입니다.

장사를 하면서 가장 놀란 것 중 하나는 많은 사장님이 자신의 가게를
찾아준 손님에게 고마워하지 않는다는 사실이었어요.

내가 잘해서 오는 거니까 당연하게 생각하거나, 별생각이 없거나,

심지어 흥을 보거나 다투는 사람도 있었어요.

하늘의 별처럼 많은 가게 중에 내 가게를 찾아준 건 거의 기적에
가까운 일 아닌가요? 게다가 나에게 돈을 쓰러 온 사람들에게
어떻게 불친절하거나 무신경할 수 있는지.

저는 한 번도 손님을 진상이라고 말해본 적 없습니다. 설사 그렇게
느낀 적은 더러 있었어도 그 단어를 사람들 앞에서 내뱉은 적은
없어요.

사업 아이템 정하기: 경쟁을 피한다

이상한 손님은 흘려보내면 그만이에요. 저희 회사의 업무 매뉴얼에도 '매장에서 손님 뒷담화하지 않기'가 있어요. 손님이 듣는 건 둘째치고 그런 태도로는 좋은 가게를 만들 수 없기 때문입니다. 누구나 알듯이 손님은 왕이 아니에요. 나에게 돈을 쓰려고 와준 고마운 귀인일 뿐입니다.

제가 장사 무조건 성공하는 법을 알려드릴게요.
'가게에 오는 어떤 손님도 서운하게 보내지 않는다'
이 약속만 지킬 수 있으면 아무리 소자본 창업이어도 100% 성공할 수 있습니다. 좋은 건 친절함은 아무리 베풀어도 비용이 늘지 않는다는 사실이에요.

좋은 서비스가 구체적으로 무엇인가에 대해서는 스스로 정의해 가야 해요. 아이디어를 얻고 싶다면 『오모테나시, 접객의 비밀』(최한우, 스리체어스)이라는 책을 추천합니다. 저희 회사에 처음 입사하면 드리는 책이기도 해요. 평범한 사업 아이템에 마음만 담아도 어떻게 다를 수 있는지가 잘 담겨있습니다.
서비스업에 부족한 건 기술이 아니라 마음이라고 생각해요.

좋은 서비스에 대해 더 고민하고 싶다면, 다음 질문에 답을 작성해 보세요.

　　○ 좋아하는 상업 공간과 이유를 적어 보세요.

○ 좋았던 서비스 경험을 적어 보세요.

○ 별로였던 서비스 경험을 적어 보세요.

○ 내가 생각하는 좋은 서비스란?

○ 내 가게에서는 어떤 서비스를 할 것인가?

○ 지인들에게 내가 서비스 마인드가 있냐고 물어봤을 때
   대답은?

사업 아이템 정하기:
경쟁을 피한다

소자본으로 창업해 경쟁에서 승리하는 법. 싱거운 답변이겠지만
경쟁을 피하는 거예요. 우리는 경험도 없고 자본이 넉넉하지 않기
때문에 경쟁하는 순간 질 확률이 매우 높습니다.
새롭거나, 경쟁이 없거나, 남들이 꺼리는 아이템을 선택해야 해요.

제 얘기를 하자면, 처음 구상했던 아이템은 국수였어요.
'뚝배기된장바지락칼국수'.
사진을 찍던 시절 충청도의 된장 맛집들을 취재한 적이 있는데
된장들이 너무 맛있는 거예요. 늘 마트에서 파는 브랜드 된장만

사 먹었는데 재래식으로 소량만 담근 된장은 맛이 달랐습니다.
집에서 그 된장들을 이용해서 칼국수를 끓여 봤는데 '이거다'라는
생각이 들었어요. 단일 메뉴이고 창업 비용이 적게 들 것이라는
점도 안심이 됐고요. 전국의 다양한 된장으로 국수를 만들어서
뚝배기에 담아 팔겠다고 결심했습니다.

그래서 몇 달간 집에서 된장과 재료들을 활용해서 국수를
만들었습니다. 그러던 어느 날, 문득 이런 생각이 드는 거예요.

'이걸 내가 평생 할 수 있을까?'

사업은 가급적 오랫동안 소의 등 위에서 버텨야 하는 로데오 경기
같은 것인데, 매일 12시간씩 한 가지 음식만 만들 생각을 하니
있지도 않은 가게가 벌써 답답하고 도망치고 싶은 생각이 들었어요.

이건 아니야, 손님을 찾아 내가 움직이면서 할 수 있는 푸드 트럭을
하자.

메뉴를 고로케로 바꾸고 상호도 미리 지었어요. 동키 고로케. 작은
봉고차를 중고로 구입해 노란색으로 칠하면 귀여울 것 같았어요.
집에서 열심히 고로케 튀기는 연습을 하다가 역시나 한 달 만에
그만두었어요.

당시에는 푸드 트럭이 합법이 아니어서 제약이 많았어요.
'구루마닷컴'이라는 곳에서 여러 정보를 접하다 보니 목 좋은 곳은
전부 자릿세가 있고, 그런 게 없더라도 텃세가 심하더라고요. 자리
때문에 상인들끼리 싸우는 일도 허다하고요.

단속을 피해 다니면서 동종 상인들끼리 다툴 생각을 하니 창업할 마음이 싹 가셨어요.

냄새도 문제였어요. 기름의 미립자들이 모공 속에 스며들어 친구들이 저만 만나면 배가 고프다고 했어요.

샤워나 목욕 같은 걸로는 냄새가 사라지지 않았어요. 고로케 만들기를 그만두고 몇 달이 지나서야 냄새가 완전히 사라졌어요.

그때부터였어요. 즐겁기만 했던 창업의 과정이 불안감으로 변한 게. 자신만만한 쾌속정이었는데 난파한 돛단배 모습으로 전락했어요. 이제 무엇을 해야 하나?

고민에 빠져 있을 때쯤 난생처음 제주도를 가게 되었어요.

바다는 동해가 최고인 줄 알았는데 제주도의 바다는 또 달랐어요. 잡지에서 보던 지중해식 블루. 이국적인 풍경과 서울과는 다르게 흐르는 시간. 제주도를 다녀와서 며칠 제주 앓이를 했어요.

그러다가 집에서 제주도에서 보았던 바다를 칵테일로 만들어보고 싶다는 생각이 들었어요.

그냥 만들면 재미없으니 한라산 소주를 사용해 보자. 당시에는 서울에 한라산 소주를 파는 곳이 거의 없어서 주류 도매상과 수협에까지 연락했어요. 푸른색을 내는 블루퀴라소라는 리큐어도 그때서야 알게 되었습니다.

각 얼음을 수건에 넣어 절구 방망이로 잘게 깨트리고 레몬과

사업 아이템 정하기 : 경쟁을 피한다

사이다를 곁들였더니, 와! 색도 곱고 맛도 있었어요. 친구들이
놀러올 때마다 해줬는데 반응이 뜨거웠습니다.

협재의 바다 색깔을 표현한 칵테일이었지만 모슬포 블루라고 이름
지었어요. 일단 이름은 예쁘고 봐야 하잖아요.

이어서 고향인 울산의 방어진 바다를 표현한 방어진 블루도
만들었어요. 협재의 바다가 아쿠아 블루라면 방어진은 코발트
블루에 가까워요. 검푸른 바다색을 표현하기 위해 레시피를
사이다에서 콜라로 바꾸고 기주base도 소주 대신 진으로 바꿨어요.
조선소가 많은 바다의 디테일을 살리기 위해서 올리브 오일도
몇 방울 띄웠습니다.

친구들은 거친 조선소 사내들이 연상된다며 극찬했어요.
무엇보다 만드는 제가 즐거웠어요.
그래, 창의적인 칵테일을 만드는 칵테일 바를 하자.
오래전에 지어두었던 '인생의 단맛'이라는 꼭 맞는 상호도
있었어요.

창의적 칵테일						고전적 칵테일	
모슬포 블루	6	앙실	6	찢으면 새 봄	7	보드카토닉	4.5
방어진 블루	6	코코모	6	벤젱신이 마약(무알콜)	5	진토닉	4.5
치앙마이 점프랜드	6	우주바누거품	6	내 안의 새색시(자두 생과일)	8	진토닉(뱅거레이)	6
인생의 단맛	6	맹조어는 어디 쉽나요	6	쓰리럼	8	진토닉(봄베이)	7
버킬라(버드와이저+데낄라)	6	베이비아일로리	6	바른날	7	진토닉(핸드릭스)	8
창원남천	6	스티브 잡스	6	춘희(고래)	6	보드카 크랜베리	5
한여(낮)차	7	존스홉킨스병원 수간호사	6	알리워	6	보드카 자몽	5
허영의 불소시계	8	티벳 리브레	6	세상이 시들어 가네요	6	재쿡	6
단독생활	3	권사님은 아해하시죠	8	뜻이 희미한 사람	6	깔루아밀크	5
고다르 럼	6	반말	6	비애의 장인	6	쿠바리브레	6
부반장은 섹시해	6	양호선생님의 외출	6	홀렘의 게달음	6	블랙러시안	6
하여튼더,아가씨제게도같은걸로판잔	엽의	홍,균,식	6	포스트모던한 이별	6	갑질환영	6
해이터 늘 마시면절로	엽의	루댄스	6	달빛에 당신이 보여요	6	화이트러시안	6
애인의 애인	6	GANANHADA	3	그거 돈 안된다 에	6	시실리안키스	6
심경에 남는 사람	6	이육사(청포도 생과일)	8	점단공단	8	오르가즘	8
한없이더러움에가까운블루	6	저녁전광	6	경실련 안간사	6	첨단의 마음	6
새마음	7	급현혹	6	겨울철에 일일니	6	접어동	드라이마티니 7
진토닉 보다 맛있는 플라토닉	4.5	부끄려	6	절망의 복음	6	아시바 위에서	007마티니 7
속상해	6	미도리와 사워	7	벙어리 냉가슴	7	명륜동소아꼭 8	봉티 8
						사랑과 옛	

개업 당시의 메뉴판

단숨에 칵테일 이름을 백 개 정도 지었습니다. 레시피는 영업하면서 하나씩 만들어가기로 했어요.

지나치게 완벽을 기하는 일은 이슬비 내리는데 고어텍스 재킷을 입고 산책을 나서는 일과 같다.
조준하고 쏘지 말고, 쏘고 나서 조준하자!
이런 생각으로 가게를 준비하고 영업을 시작했습니다.

'창의적인' 칵테일은 새로웠고, 술집은 남들이 꺼리는 일이었어요.
당시에는 술집에 대한 이미지가 지금과는 매우 달랐습니다.
술집을 한다고 하면 부정적으로 보는 게 일반적이었어요.
남들이 꺼리는 일을 재밌게 하면 승산이 있을 거라고 생각했어요.
대기업은 절대로 이 일에 끼어들지 않을 거라고 확신했는데, 몇 년 뒤에 S그룹 오너가 맥주 펍을 내는 걸 보고 격세지감을 느꼈습니다.

고유성
사장의 걱정은 현실이 된다

현재의 시점에서 당신의 아이템을 다시 점검해 볼까요.
다음 질문에 답변해 보세요.

○ 지금 생각하고 있는 사업 아이템은 무엇인가요?

○ 그렇게 정한 이유는 무엇인가요?

○ 세상의 수많은 가게들과의 차이점은 무엇인가요?

○ 손님들이 이 가게를 오는 이유가 무엇일까요?

○ 타인에게 이야기했을 때의 피드백은 무엇인가요?

당시 저의 대답을 볼게요.

○ 지금 생각하고 있는 사업 아이템은 무엇인가요?

   창의적 칵테일 바

○ 그렇게 정한 이유는 무엇인가요?

   국수와 고로케를 준비하는 과정에서 지속할 수 없는

   아이템이라는 걸 깨달았다.

   창의적 칵테일을 만드는 과정이 즐거웠고 개성 있는 공간을

   만들 수 있겠다는 생각이 들었다. 무엇보다 다른 업종에

   비해 경쟁이 적다.

○ 세상의 수많은 가게들과의 차이점은 무엇인가요?

   클래식 칵테일 바는 많지만 창의적 칵테일만을 파는 바는 없다.

   짜계치(짜파게티, 계란, 치즈)와 라면도 먹을 수 있고

   만화책도 있는 재밌는 공간이다.

사업 아이템 정하기 : 경쟁을 피한다

○ 손님들이 이 가게를 오는 이유가 무엇일까요?

　건전하고 유쾌하고 개성 있는 공간이기 때문.

○ 타인에게 이야기했을 때의 피드백은 무엇인가요?

　술도 안 마시는 네가 바를 연다고?

　요즘 사람들이 칵테일을 좋아하나?

　칵테일 이름이 너무 재밌다.

　세상에 유일무이한 공간이긴 할 것 같다.

참고로 제가 인생의 단맛이란 바를 내겠다고 했을 때 주변의 반응은
무척 나빴어요. 좋은 피드백을 해 준 사람은, 제 기억에는 아무도
없었어요.

부모님부터 시작해서 가까운 친구, 외식업을 경험한 선후배까지.
왜 아이템을 술집으로 정했냐, 디저트 가게 이름이냐, 바에서
라면이 웬 말이냐, 이런 상권에서 무슨 장사를 하냐 등등.
겪었던 수모를 이야기하자면 끝이 없어요.
수모를 견디는 법에 대해서는 뒤에서 따로 다룰 생각이에요.

그런데 어떻게 아이템을 고수할 수 있었냐고 물어본다면,
직감이에요. 직관력은 특별한 누군가에게만 있는 능력이 아니라
우리 모두에게 있는 정확한 나침반이자 바로미터에요.
당시에는 논리적으로 설명할 수 있는 방법이 없었고 제 말에 힘도

없었어요. 하지만 아이템이 정해지고 나서는 속이 편안하고 왠지
잘될 것 같은 생각이 자꾸 들었어요. 가게를 상상하는 일이 재밌고
괜찮은 아이디어가 끊임없이 떠올랐어요.

재밌는 일도 있었는데, 개업을 한 달 정도 앞뒀을 때쯤 걱정을 많이
하던 지인이 저를 한 별자리 점성가에게 데려갔어요.
그분은 저를 보더니 무조건 대박이 날 거라고 했어요. 삶의 대운이
변했고 방황을 멈추고 터전을 일굴 거라고요. 한발 더 나아가
첫 가게에서 멈추지 말고 계속 계속 새로운 가게를 내라고 말했어요.
가진 것을 지키려고 하거나 독점하려고 하면 좋지 않다고도
하셨어요.
지금 생각해 보면 놀라운 조언이었어요.
나중에 그분이 우리 가게의 단골이 되어서 별자리 공부를 조금 해본
적이 있는데 다른 건 모두 까먹었지만 한 문장은 영원히
제 마음속에 남았어요.
'당신의 상상력이 당신의 운명이 될 것이다.'

TMI를 하나 더 얘기하자면 최근에 한 번 더 그분을 만났어요.
10년이 지난 지금 무슨 이야기를 하실까 정말 궁금했는데 다른
사람들을 돕는 일을 하라고 하셨어요.
저보고 장영실(조선시대의 과학자) 같은 사람이라고, 독학으로
체득한 것들을 일반적인 방법이 아니라 나만의 방식으로

알려주라고 하셨어요. 이것이 궁극적으로는 그들의 어머니를 돕는

일이라는 알 수 없는 말도….

그 말 때문에 이 글을 쓰는 건 아니지만 역시나 범상치 않은

조언이네요.

부끄럽지만 인생의 단맛을 개업하기 전까지 제 인생은 잘 풀린 적이

없어요. 온통 쓴맛뿐이었어요.

걱정이 많았고 그런 걱정은 늘 현실이 되었습니다.

그래서 창업을 준비하면서 가장 많이 했던 걱정은,

'혹시나 잘되면 어떡하지?'

'준비도 덜 됐는데 감당할 수 없는 많은 손님들이 들이닥치면

어떡하지?'

'조용히 장사하고 싶은데 입소문 나서 시끄러운 가게 되는 거 아냐?'

역시나 상상은 현실이 되었어요.

나의 강점을 파악했다면 내가 하고 있는 상상, 나의 두려움과

직관을 한번 믿어 보세요.

방어진 블루

사진이 없으면 진즉에 사라졌을 기억이었다.

어떤 남자와 열 세 살의 어린 내가 을씨년스러운 방어진 바다 앞에서 찍은 사진. 엉성하게 만든 간이 선착장 위에서 어색한 포즈로 서로를 붙잡고는, 그날의 날씨처럼 흐릿한 모습으로 카메라를 보고 서 있다.

새벽 3시에 일어나기는 힘들고 어두운 공장 이곳저곳을 뛰어다니는 건 무서웠지만, 5년 동안 한 푼도 쓰지 않고 모은 돈으로 중학생이 되면 컴퓨터를 살 수 있다는 생각에 열심히 자전거 페달을 밟았다. (결국 컴퓨터는 사지 못했고 그 돈은 새어머니가 돌려주지 않았다)

그 일을 두 살 터울의 남동생과 같이 하고 있었는데 지금 생각해 보면 어른들의 눈에 많이 띄었을 것이다.

당시 울산은 조선소와 자동차 공장으로 경기가 매우 좋았고 내가 살던 곳은 대부분 현대 사원들이 살던 곳이라 맞벌이도 드물고 우리처럼 어린 배달원은 보기 힘들었다.

그래서 그런지 자주 마주치는 부산우유 배달원 아주머니는 볼 때마다 우유를 챙겨주셨고, 경비 아저씨들도 빵이나 음료 같은 간식들을

사업 아이템 정하기 : 경쟁을 피한다

자전거 바구니에 넣어주고는 했다.

가난한 집에서 열심히 살려고 노력하는 기특한 형제로 보이지

않았을까 싶다.

하루는 비가 많이 내리던 날에 배달을 너무 하기 싫어서 자전거를

타다가 물이 고여있는 웅덩이에 일부러 쓰러진 적이 있었다.

당연히 보급소로 신문이 오지 않는다고 전화가 쇄도하고 난리가

났다. 당시에는 휴대폰이나 호출기가 없던 시절이라 보급소에서는

자초지종을 알 수 없는 상황이었다.

오전 7시가 다 돼서야 젖은 신문 뭉치를 가지고 다리를 절뚝이는

연기를 하며 보급소로 돌아갔다. 총무님은 보이지 않고 기복이

형(이름은 정확하지 않다)이 내 몫의 신문에 광고지를 다시 넣고

있었다. 형이라기엔 삼촌뻘에 가까운 어른이었는데, 아직 총무님은

모르니까 비밀로 하자고 말하고는 오토바이 뒤에 나를 앉히고

내 구역의 신문을 대신 배달해 주었다. 자전거로는 두시간이 꼬박 걸릴

일이 오토바이로 하니 절반의 시간도 걸리지 않았다.

그리고 며칠 뒤 주말, 동생과 나를 신문사 오토바이에 태우고 방어진

바다로 데리고 갔다. 그곳은 조선소를 인접하고 있어서 물이 깨끗하지

않고 풍경이랄 것도 없는 바다였다. 근처에는 울기등대 유원지가

있었는데 유원지라고 해봐야 해송 사이로 조잡한 식당 몇 개와 인형

쏘기, 손으로 돌리는 회전목마, 물방개로 하는 뽑기 등이 있는 군색한

곳이었다.

그날 무엇을 먹고 어떻게 시간을 보냈는지 정확히 기억이 나지 않는다.
내가 분명하게 기억하는 건 그날의 날씨와 나와 달리 즐거워하던
동생과, 어색한 공기감이었다. 잘 모르는 어른의 호의도 낯설었고, 그런
상황에서 어떻게 행동해야 할지 몰라서 난처했다. 힘든 이야기를 조금
하고 동정을 받아야 하는지 동생처럼 마냥 즐거워해야 하는지, 그때의
나는 제대로 판단할 수 없었다. 도중에 도망가지 않고 애매한 시간을
끝까지 견뎌낸 것이 내가 갖춘 최상의 예의였다. 시간이 많이 흐른
지금도 그날의 기분과 분위기를 자세히 설명할 방법이 없다.

기복이 형과의 이별도 이상했다. 몇 달 뒤 신문사 연합 체육대회가
경주 보문단지에서 있었는데, 형이 축구인지 이어달리기인지를 하다가
송전탑에서 지상으로 매여 있는 금속 와이어에 목이 걸려 크게 다치는
일이 있었다. 형은 입원했는지 그 뒤로 보급소에서 볼 수 없었고 달리
연락할 방법도 없었다. 얼마 뒤 중학생이 되면서 신문 배달도 그만두어
그 뒤로는 자연스레 형을 잊고 지냈던 것 같다. 그랬던 일이 십여 년
전부터 뜬금없이 생각나곤 했다. 당시에는 사진이 본가 창고에 있어서
내 기억의 진위를 확인할 방법이 없었다. 그러다가 얼마 전 부모님
댁이 이사하면서 앨범을 발견했고 거기서 사진을 찾을 수 있었다.
며칠 전 오랜만에 동생이랑 술을 마시다가 그 사진 이야길 했더니
동생도 그날의 일을 기억하고 있었다. 놀라운 건 동생은 기복이 형을
보급소에서 만난 사람이 아니라 엄마가 이혼하고 잠시 만났던 젊은
애인으로 기억하고 있다는 점이었다. 너무 오래전 기억이라 누구의
말이 맞는지 알 수 없지만, 이야기를 나누고 나니 그날의 일들은 내게
더 모호한 시간으로 남게 되었다. 엄마한테 사진을 보여주면 해결될
일이지만 그렇게 할지는 모를 일이다.

그날의 희미한 기억과 감정들을 문장으로 옮겨보면 뭔가 정리될 줄
알았는데 별무소용 없는 동심원을 그리고 말았다.
오히려 이제는 잊지 못할 선명한 추억이 되었다고나 할까.
살아갈수록 더해가는 삶의 어색함과 불가해함.
끝끝내 알 수 없거나 모른 체해야 했을 애매한 시간들.
누구는 인생은 의견이라 말했지만, 내게는 난반사로 쏟아지는 기표 같다.

장소성

: 처지와 우연이 찾은 곳

처지와 우연이
찾은 곳

아이템을 정하고 고유성을 획득했다면 이제는 어디서
장사를 할지 정해야 합니다. 소자본 창업에 있어서
고유성 다음으로 중요한 게 장소성이라고 생각해요. 이
둘의 어우러짐으로 한 가게의 인상과 개성이 생깁니다.
여기서 말하는 장소성이란 흔히 말하는 상권과는 다른
개념입니다.
앞으로 할 이야기는 지극히 개인적인 경험과 의견임을
참고해 주세요. 저는 첫 가게를 찾는 데 정확하게
1년이 걸렸어요.

당시에 부동산을 찾아봤던 순서는

　　1. 집에서 가까운 중심 상권

　　2. 뜨고 있는 상권

바닥에서 시격을 차오는 있었으나 지하일 줄은 몰랐다.

3. 평소에 좋아했던 동네

4. 지인이 추천해 준 동네

5. 이유는 모르지만 앞으로 뜰 것 같은 상권

제가 원했던 조건은

1. 보증금 1000만 원 이하

2. 월세 100만 원 내외

3. 10평 이상의 면적

4. 권리금 없음

5. 경쟁(동종) 매장이 없을 것

6. 지하는 안 됨

제가 집중적으로 둘러보았던 곳은

1. 잠실새내역: 당시 살던 남한산성에서 가장 가까운 서울의
   번화가

2. 산성역: 집에서 가까웠던 지하철역

3. 가로수길, 청담사거리: 사진가로 일하던 시절 몇 년간
   살았던 곳

4. 강남구청역, 차병원사거리: 배달 일을 하던 시절 몇 년간
   살았던 곳

5. 건대입구역, 신촌역, 홍대 상권(망원, 합정, 연남 등):
   다녀본 경험이 있는 중심 상권

6. 연남동 동진시장: 임대료가 낮고 지인들이 장사를 하고
   있었지만 매장 규모가 작아서 제외

7. 이태원 이슬람사원 주변: 앞으로 뜰 것 같은 기대가
   있었지만 이태원 특유의 기에 눌림

8. 서촌, 북촌: 좋아하는 동네였지만 임대료가 높음

9. 팔판동, 삼청동 주변: 밤에 영업하기에는 어울리지 않는 상권

10. 성북동: 좋아하는 동네였지만 끌리는 곳이 없음

11. 대학로 낙산공원: 주변에 매장의 수가 너무 적음

12. 한국예술종합학교 주변: 마지막까지 고민했던 곳이라
    다양한 시간대에 여러 번 방문했으나 학생 수가 적어서
    어렵다고 판단.

결론적으로 말씀드리면 위의 상권에서는 원하는 곳을 찾는 데
실패했고, 자포자기할 때쯤 우연히 방문한 동네에서 가게를 찾게
되었어요.

1년이 지나도 가게가 구해지지 않자 스트레스를 풀려고 동생과 함께
성균관대 앞의 플레이스테이션 게임방에서 게임을 했는데 게임을
끝내고 나와서 보니 동네가 뭔가 정겨운 거예요.

혹시나 하는 마음에 근처 부동산에 들러서 원하는 조건을 말했더니
지상에는 없고 지하에 한 곳이 있다는 거예요.

드럼을 가르치는 교습소로 사용하던 곳인데 권리금이 없고 월세가
30만 원이라고 했어요.

수많은 곳을 다녔지만 이렇게 저렴한 임대료는 처음이어서 지하는

얻을 생각이 없었지만 궁금한 나머지 보여달라고 했습니다.

중심 도로에서 한 블럭 벗어난 골목에 있었는데 가게를 보자마자

'여기다'라는 생각이 들었습니다.

'이곳이라면 나도 뭔가를 시작할 수 있을 것 같다'가

당시에 느꼈던 정확한 기분이에요. 그동안에는

'이봐 애송이, 이곳은 네가 낄 수 있는 곳이 아냐'라며

겁박하는 느낌이었거든요.

이 골목에서는 뭔가를 시작할 수 있겠다는 기분이 들었다.

장소성 : 처지와 우연이 찾은 곳

근처 극단에서 연습실로 고민 중이라는 이야기를 듣고 그 자리에서
바로 계약했습니다.
계약을 하고 나서 근처 대학로의 바에서 오랫동안 일하고 있는
친구에게 가게를 보여줬더니 잔소리를 엄청나게 했어요.
여기는 술집 상권이 아니다. 대학교 바로 앞이라서 방학 기간 빼고
나면 장사할 수 있는 기간이 얼마 되지 않는다. 지금이라도 위약금
내고 계약 해지해라 등등.

친구가 걱정해서 해준 말은 합리적인 의견이었지만 저는 생각을
바꾸지 않았어요. 논리적으로 설명할 순 없었지만 이곳에서
시작해야 한다는 확신이 들었어요.
시간이 지나고 보니 친구의 지적은 모두 옳았지만 장사라는 게
그런 걸로만 되는 게 아니더군요. 방학 때도 찾아와주는 학생들이
있었고, 인근에 사는 주민들도 있었고, 일부러 멀리서 찾아오는 단골
손님들도 많이 생겼습니다.

써 놓고 보니 또 직관으로 선택한 거지만, 당시에는 제가 그렇게
직관적인 사람은 아니었어요. 되려 생각이 많아서 우유부단한
편이었습니다.
갈팡질팡 갈지자로 살아오다가 인생에 중요한 순간에 집중하다
보니까 그런 능력을 사용하게 된 것 같아요.
제가 보자마자 망설임 없이 선택할 수 있었던 이유는 1년 동안

다양한 곳에서 여러 매장을 보았기 때문에 축적된 데이터와 감이 있었기 때문입니다.

그리고 아무리 위치가 좋고 임대료가 낮아도 너무 작은 평수(10평 이하)의 가게는 과감하게 포기했습니다. 2층 이상의 층수도 고려했지만 결론적으로는 지하의 14평 가게를 얻게 되었습니다.

아무리 소자본 창업이라고 해도 저는 반드시 10개의 테이블을 확보하라고 권해요. 그러면 대개 14평 내외의 평수가 되는데요, 이 정도의 평수가 되지 않으면 손님들이 심리적으로 안정적인 거리를 유지하기가 힘들기 때문입니다.

빠르게 식사만 하고 나가는 매장이거나 포장 판매를 하는 곳은 상관 없겠지만 손님이 공간에 머무르는 업종이라면(카페, 디저트, 주점 등) 작은 매장은 손님의 입장에서는 들어가기도 어렵고 편하게 머물기도 어렵습니다.

사장님의 접객 능력이 아무리 뛰어나도 발휘할 기회조차 주어지지 않는 거예요.

길을 가다가 손님이 아무도 없는 작은 가게를 보면 어떠세요? 들어가기가 망설여지지는 않나요?

물건을 파는 소매점도 뭔가를 사야 한다는 압박을 받을 수 있기에 작은 매장은 쉽지 않습니다.

그리고 테이블이 10개는 돼야 일정 수준의 매출을 올릴 수 있습니다. 테이블 1개가 늘면 직원 한 명의 급여가 나오거나 임대료가 해결돼요. 훈련이 필요하지만 혼자서 운영이 가능한 최대한의 테이블 수이기도 합니다.

그렇다고 사장의 욕심만 투명하게 보이게 테이블만 많이 놓으라는 이야기가 아니란 건 아시죠?

손님들이 불편해하지 않고 인테리어를 해치지 않는 선에서 최대한 많은 수의 테이블을 놓는 것이야말로 상인의 센스라고 할 수 있습니다.

직영점을 포함해서 그동안 제가 점포의 장소성에 개입한 매장들의 공통점은 다음과 같습니다.

- ○ 맞은 편에 가게가 없다.
- ○ 조용한 곳, 가게들이 외부로 음악을 틀지 않는 상권
- ○ 이웃에게 피해를 줄 수 있는 주택가는 피한다.
- ○ 중심 상권에서 벗어나 있지만 산책 시 우연히 발견할 수 있는 위치
- ○ 골목이나 건물이 인상 깊거나 매력 있는 곳
- ○ 오래되거나 특이한 구조의 건물
- ○ 권리금이 없고 비어 있는 곳: 임대료 무상 기간을 지원 받아 정성 들여 인테리어 공사를 할 수 있다.

○ 최소 10개의 테이블을 놓을 수 있을 것: 14평 이상

○ 밖에서 일하는 사람이 정면으로 보이지 않을 것: 손님들이
   입장을 부담스러워함.

○ 직사광선이 들지 않을 것: 낮에 영업을 해야 한다면
   인테리어가 돋보이기 어렵다.

**이 내용을 시각화한다면 해외 여행을 가서 산책을 하다가 왠지
눈길이 가는 가게를 발견했다고 상상해 보세요.**

프라하 여행 중에 우연히 발견한 작은 카페

장소성 : 처지와 우연이 찾은 곳

여행자가 발견할 만큼, 외진 곳은 아니지만 걷고 싶은 골목에 위치해

있을 거예요.

비교적 한적한 곳에 있어서 주목도는 높을 거고요, 검색이 아니라

우연히 발견한 곳이어서 사용자 경험은 좋을 거예요.

자연스럽게 누군가에게 알리고 싶다는 생각으로 이어질 거예요.

실제로 지금도 저는 매장을 구할 때 산책을 활용합니다.

대략적인 지역만 정하고 지도도 보지 않고 눈길과 발길이 닿는 대로

걷다 보면 재미있는 공간을 발견하게 돼요.

지금 제 인생에 가장 중요한 사람들을 모두 첫 번째 가게에서 만나게

됐고, 이후에 인근에 여러 가게를 낸 걸 보면 장소성이 얼마나

중요한지 알 수 있어요.

이제는 이곳(종로)이 고향처럼 느껴집니다.

얼마 전 한 매체와 인터뷰 중에 첫 가게를 왜 명륜동에 냈냐는

질문을 받았는데 곰곰이 생각하고 한 대답은 당시에 제 처지와

우연이 찾은 곳이라는 거였어요.

상호
정하기

: no name, no gain

No Money
No Honey

창업의 전 과정 중에서 제가 가장 좋아하는 부분은 상호를 정하는
거예요. 솔직히 말하면, 저는 이름부터 짓고 그 이름을 사용하고
싶어서 공간을 만드는 사람인 것 같아요.
얼마나 좋아하냐 하면 이름 짓는 일이 제게는 놀이나 취미와 같아서
다음 프로젝트가 없어도 수시로 이름을 지어요.
회사 워크숍에도 가상의 가게 상호를 짓는 프로그램이 있고요,
지인들과 술자리 단골 레퍼토리도 '이런 상호를 가진 가게 있으면
재밌을 것 같지 않아?'예요. 회의 중에도 내용과 상관없는 새로운
가게 이름을 얘기하다가 팀원들의 빈축을 사기도 한답니다.

그럴 수밖에 없는 게, 이름을 짓는 일은 제가 노력해서 된다기보다는
무시로 떠오르기 때문이에요.
주로 편안한 사람들과 가벼운 대화 속에 떠오르는데요, 한 번은
어떤 모임에서 제가 가상의 댄스 클럽 이름을 지었는데 거기에 있던
사람들이 그 상호를 너무 마음에 들어 해서 즉석에서 1000만 원씩
투자를 받은 적이 있어요. 너무 재밌을 것 같다며 당장 시작하자고
하더군요.
물론 며칠 뒤에 제가 돈을 다시 돌려드리기는 했어요. 이렇게 많은
사람과 동업은 할 수 없다며 정신이 번쩍 들었거든요.

그만큼 이름에는 강력한 에너지가 있는 것 같아요.

제가 칼국수에서 창의적 칵테일 바로 아이템을 바꾼
건 이름 짓는 일이 즐거워서이기도 해요. 가게를
구하지도 않고 제일 먼저 한 일이 레시피도 없는
칵테일 이름을 100개 지은 거잖아요.
실제로 영업을 시작할 때 메뉴판에 있는 칵테일 이름
중 판매가 가능한 것은 2개밖에 없었어요.
그런데 손님들이 자신이 원하는 이름의 칵테일은 언제
개발되냐고 올 때마다 물으시는 거예요. 지금 그냥

떠오르는 대로 만들어주실 수 없냐는 분들도 많아서 그렇게 개발된 칵테일도 있었어요.

이름 짓는 일은 이렇게 중요하지만, 어떻게 잘 지을 수 있는지 설명하기는 쉽지 않은 것 같아요.
그래서 이번 장에서는 이름을 지을 때 유의해야 할 점과 실제로 제가 상호를 정했던 과정을 공유해 볼까 합니다.

이름 지을 때 유의할 점 (소자본 창업 시)

  ○ 유니크할수록 좋다.

  ○ 영감을 주면 좋다.

  ○ 호기심이 생기면 좋다.

  ○ 피식 웃음이 나면 좋다.

  ○ 살짝 귀여우면 좋다.

  ○ 단정한 느낌도 좋다.

  ○ 공간과 어울려야 한다.

  ○ 팔고자 하는 상품이나 서비스를 담을 수 있어야 한다.

  ○ 다양하게 해석되면 좋다.

  ○ 사람들이 상호에 관해서 이야기할 거리를 제공하면 좋다.

  ○ 검색어를 독점할 수 있으면 좋다.

  ○ 소리내 부를수록 기분이 좋고 입에 착착 붙어야 한다.

  ○ 왠지 호감이 가는 이름이면 좋다.

좋지 않은 이름

- ○ 자신에게만 의미 있는 이름

- ○ 뜻이 너무 거창한 이름

- ○ 특별한 이유 없이 외래어 사용

- ○ 읽기 어려운 이름

- ○ 공간과 어울리지 않는 이름

- ○ 호기심이 들지 않는 이름

- ○ 평범해서 기억되지 않거나 검색이 어려운 이름

- ○ 소수의 사람들만 아는 전문 용어

- ○ 지나치게 지적인 단어

- ○ 시의성이 지난 단어

실제 사례

인생의 단맛 창의적 칵테일 바

2000년대 초반 가로수길에 바 19番地(번지)라는 곳이 있었어요.
당시에 제가 일하던 스튜디오에서 가까워서 그 앞을 자주
지나다녔는데 바 상호에 한자를 쓴 게 인상 깊었어요.
조금 아쉬운 건 번지라는 한자를 누구나 읽을 수 없다는 점.

그래서 저도 즉석에서 한자가 들어간 바 이름을 지어보았는데 그게 인생의 단맛이에요.

人生(인생)이라는 단어는 대부분 읽을 수 있고, 인생 + 단맛이라는 문장의 모순성이 술맛을 나게 한다고 생각했어요. 동시에 단맛이라는 말이 칵테일과도 어울리고 가난한 초보 사장의 바람이 담겨서 좋았어요.

간판에 한자를 쓰지는 않았지만 가게 안에 '人生의 단맛'이라고 쓴 액자를 걸어뒀습니다.

실제로 제 인생의 단맛은 이 가게를 열고 나서부터였다고 생각해요.

안국역에서 가훈을 써 주시는 운산 선생님이 무료로 적어주셨다.

독일주택独―酒擇 맥주 전문점

'홀로 한 잔의 술을 마시네'라는 의미를 가진 이름이에요.

처음 이곳을 보았을 때 한옥에서 홀로 조용히 술을 마시는 사람이

떠올랐거든요. 그 이미지에 맞춰 한자를 붙였습니다.

혼술이라는 말이 사용되기 전인데 훗날 이 단어가 유행하면서

가게도 큰 덕을 보았습니다.

혼자서 술을 마시는 사람이 늘어날 거라는 트렌드를 읽은 건 전혀

아니고 먹자골목을 조금 빗겨 난 조용한 근대 한옥을 보자 자연스레

떠오른 이미지였어요.

매장이 주택의 형태를 띠고 있고 맥주를 주력으로 판매했기에, 독일

맥주를 많이 팔아서 그렇게 이름을 지었구나라고 생각하는 분들도

많았어요. (간혹 독일맥주라고 부르시는 분들도 계십니다.)

어떻게 생각해도 무방하다고 생각해요.

다양하게 해석되어 좋은 이름입니다.

수도원 수도원 맥주 바

마치 중세 시대의 수도원 같은 곳에서 수도원 맥주를 파는 가게.

그래서 상호도 수도원. 가장 쉽게 지은 이름이 아닌가 싶어요. 다른

이름은 떠오르지도 않았거든요.

손님들이 시공간이 바뀐 것 같다는 말씀을 해주실 때 기쁩니다.

법원Bourbon 버번 위스키 바

예전에 손님에게 버번 위스키를 서비스로 내어드린 적이 있었는데 '요즘 법원에서는 위스키도 만들어요?'라는 말을 들은 적이 있어요. 그 말이 재밌어서 머릿속 한 켠에 저장해 두었다가, 근처에 헌법재판소가 있고 '우원'이라는 식당으로 30년간 운영했던 이곳을 보자 떠오른 이름이에요.

상호 때문에 버번 위스키를 전문적으로 파는 것에는 고민이 있었어요. 저희가 운영하는 다른 바에서도 맥주나 칵테일, 와인에 비해 위스키의 판매 비중은 현저히 낮았기 때문이에요.

하지만 이 상호가 살려면 버번 위스키를 전문적으로 팔아야 한다고 생각했고 그렇게 했어요. 용기가 필요한 일이었는데 이후에 위스키 열풍이 불더니 버번 위스키 판매도 급증하게 되었어요. 주변 사람들은 저희가 트렌드를 잘 읽는다고 생각하더군요. 억울합니다.

헌술방 와인 보틀숍

코로나 때 무력하게 있을 수만은 없어서 사무실로 사용하던 공간을 와인 보틀숍으로 만들었습니다.

큰 돈을 쓸 수 없는 상황이었기에 저희가 잡은 콘셉트는 헌책방과 시간이었어요.

헌책과 와인은 둘 다 오래된 시간과 관련이 있는 단어였고 이 둘을 합쳐서 헌술방이라고 지었습니다.

텅, 비어있는 삶 카페 & 바

'나를 줄이면 환한 바깥'

제가 좋아하는 책 『여행생활자』, 『다방기행문』 등을 쓴 유성용
작가님이 책에 사인할 때 적어주는 문장인데요, 안국역 근처에
자리한 로얄창덕궁빌딩 7층에 올랐을 때 처음 떠오른 말이었어요.
북쪽으로는 창덕궁과 인왕산이 보이고 남쪽으로는 운현궁과
남산타워가 보이는 이 곳 풍경을 보았을 때 내부를 채우는
인테리어보다는 바깥 풍경과 조응하는 공간을 만들고 싶다는 생각이
자연스레 들었어요. 7층에 두 곳을 사용하게 됐는데 한 쪽(701호)은
'텅'이라는 카페로 만들고 한 쪽(702호)은 '비어beer있는 삶'이라는
주류를 파는 곳으로 만들었습니다.
두 상호가 하나의 가게처럼 읽히는 점도 좋았어요.

포캣빌라For cat villa 다가구 주택

지인에게 의뢰받아 맡게 된 다가구 주택이에요.
건축주와 세입자가 고양이를 4마리 키우고 있었어요. 고양이를
키우거나 좋아하는 사람들이 모여서 사는 느슨한 연대감이 있는
주택이면 좋겠다는 생각을 했어요. 집의 평수도 작아서 'pocket'으로
읽혀도 괜찮겠다는 생각이었습니다.

상호 정하기: no name, no gain

서당개2년로스터즈 카페 + 풍월 보틀숍

공그로트(카페) + 곰팡이 마트(보틀숍)로 4년간 운영했었는데
그동안 이곳의 장소성이 많이 바뀌었어요.

상권이랄 게 없는 곳이었는데 주변에 많은 가게들이 생겼고 공원에
강아지와 산책하러 오는 분들이 늘었습니다.

카페를 리브랜딩하면서 사장님이 로스팅도 시작하게 되어서
겸손하고 반려동물 친화적인 공간으로 바뀌게 되었습니다. 서당개
3년이면 풍월을 읊는다라는 문장에서 영감을 얻었어요.

두루미 전통주점

두루미1: [명사] 목과 아가리는 좁고 길며, 배는 단지처럼
　　　　둥글게 부른 모양의 큰 병.

두루미2: [명사] 1. [동물] 두루밋과의 새를 통틀어 이르는 말.
　　　　2. [동물] 두루밋과의 새. 몸의 길이는 1.4미터,
　　　　편 날개의 길이는 2.4미터, 부리는 15~17cm이며,
　　　　몸은 흰색이고 이마 · 목 · 다리와 날개 끝은
　　　　검은색이다. [유의어] 백두루미, 백학, 학

학과 술병을 동시에 지칭하는 두루미라는 예쁜 우리말을 찾았어요.
심지어 영어 스펠링도 예뻤어요. (dooroomi)

이솝 우화의 여우와 두루미와는 다르게 서로 배려하며 술을 마시는
모습을 상상하며 이름을 지었어요.

이솝 우화의 행복 결말

오무사 바

제목에 '백' 자가 들어가는 소설을 좋아해요.

하얗거나 눈을 떠올리게 하는 이미지. 그중에 가장 좋아하는 소설은

황정은의 『백의 그림자』.

오무사는 이 소설 속에 등장하는 전구 가게 이름이에요.

오무사라는 말맛과 사찰이 연상되는 느낌이 고즈넉한 매장과

잘 어울릴 것 같아서 지었어요.

소설 속의 오무사라는 가게가 회사 운영에도 영향을 끼쳤는데

궁금하시면 일독을 권해요.

끝내 성사되지는 못했지만 한 방송사에서 황정은 작가님 관련한

프로그램을 오무사에서 진행해 보고 싶다고 연락이 온 적 있어요.

네, 자랑입니다.

또 만나요 우리!

또또(구 또또포차) 선술집

의뢰인은 부모님이 30년간 운영했던 포차를 이전하면서 다른
상호를 사용하고 싶어 하셨어요. 이름을 보면 힘든 기억이
떠오른다며. 저도 여러 이름을 지어보았지만 30년이라는 유산은
그 어떤 좋은 이름보다 앞선다고 생각했어요.
집에서 사용하던 의뢰인(딸)의 애칭이라는 점과 이제 어머니와
함께 일하게 된 상황, 메뉴 변경 등의 이유로 기존 상호에서
포차를 제거하고 '또또'로 변경했습니다. '또 만나요 우리'라는
귀여운 슬로건과 함께. 또또의 로고는 사장님과 어머니의 얼굴을
표현했어요.

절벽 실내포차

술을 잘 마시지 못하던 20대 시절 글을 쓰던 선배들이 취하면 항상

택시를 타고 국민대 절벽으로 가자고 했어요.

기사님들은 또 어떻게 아시고 다들 그곳으로 우리를 데리고

갔는지…. 개인적으로는 이런 가게를 운영하는 것이 상인의

플렉스라고 생각해요.

실제로 당시에는 산을 허물기 전 절벽에 위치해 있었어요.

절벽이라는 평범한 단어가 장소성을 만난 좋은 사례라고 생각해요.

술꾼과 먹물(문인)들을 다른 이유로 자극하는 완벽한 상호입니다.

커피 방앗간 카페

'이 이름을 내가 먼저 지었어야 했는데…'

세상에 그런 이름 있으세요? 저는 이 상호가 그래요.

검색해 보면 전국의 다양한 곳에 존재하는 이름이지만 뭔가 정겹고

마음이 가는 건 부인할 수 없네요.

종로에는 '커피 한약방'이라는 유명한 카페가 있는데 비슷한

느낌으로 마음에 드는 상호에요. 쉬우면서도 개성 있고 파는

상품과도 잘 어우러지는 이름.

다양한 세대에게 어필할 수 있는 품 넓은 뜻과 실제 한약방이었던

장소성까지. 매월 마지막 주 일요일에는 부모님과 오시면 어른들

음료는 무료라고 합니다. 세상은 넓고 고수는 많네요.

무대륙 카페테리아 / 공연장 / 공간 대관

그냥 너무 멋있네요. 밴드 이름 같기도 하고요.

무대륙이라는 단어가 수많은 뜻으로 해석될 것 같아요.

제게는 '홍대 바이브' 하면 떠오르는 이름이에요.

오랜 시간 변함없이 사랑받는 공간입니다.

제 경험상 이름을 잘 짓는 사람은 드문 것 같아요.

상호를 정할 때 전문가의 도움을 받거나 그쪽으로 재능이 있는

지인의 도움을 받기를 추천합니다.

그래도 꼭 직접 지어보고 싶다면 평소에 재밌거나 느낌 있는 단어나

이름을 발견하면 메모 앱에 저장해 두세요. 시간이 지나도
그 단어가 좋은지 확인해 보세요. (최소 1년 이상 지나야 합니다)
이대로 하실지는 모르겠지만 시를 많이 읽는 건 확실히 도움이
됩니다. 가게 이름을 짓기 위해서 시를 읽으라니 시에 대한 모독
같네요.

여담인데, 이름 짓는 걸 좋아하는 제가 아이의 이름을 얼마나 많이
지어봤겠어요. 중학교 국어 시간에 자식 이름 짓기 대회에서 1등 한
적도 있답니다.
신기한 게 수없이 도전했지만(현재 진행형) '이거다' 싶은 이름을
짓지 못했어요. 그래서 저한테 아직 자식이 없다고 믿고 있어요.
참고로 친구의 아이 이름은 몇 번 지어준 적이 있어요.

지금도 저는 계속 새로운 가게 이름을 짓고 있어요.
꼭 상호를 정하는 일이 아니어도, 창업의 과정 중에 놀이처럼 하게
되고 잘하는 일을 발견한다면 더할 나위 없이 좋겠네요.

> * 한 신문사랑 네이밍을 가지고 인터뷰한 적이 있어요.
> 기사의 제목은 '이름은 공간에 서사를 불어 넣는다' ●

● 임지선, 「'이름'은 공간에 서사를 불어 넣는다」,
『한겨레』, 2021. 6. 24.

인테
리어 ①

: 한계가 빚어낸 미학

창업의 과정 중에서 가장 큰돈이 들어가고 스트레스를 많이 받게
되는 부분이 인테리어입니다.

위를 보자니 끝이 없고, 내가 가진 자금 안에서 절충하는 일이
쉽지는 않을 거예요. 좋은 걸 구별할 수 있는 눈이 있다는 것과 좋은
걸 만들 수 있는 능력은 전혀 별개라는 점도 깨닫게 될 거고요.

하지만 저는 소자본 창업의 가장 큰 장점과 변별성이 오히려
인테리어에서 생긴다고 생각해요.

무슨 소리냐고요?

한계만이 만들어낼 수 있는 에너지와 개성이 있기 때문이에요.
손님들이 작은 가게에 기대하는 건 근사하고 멋진 인테리어가
아닙니다. 오히려 특색 있는 소박함에 가까워요.

자금을 넉넉하게 가진 사람들이 인테리어를 하는 방식을 비용을
줄여서 해보겠다는 발상 자체를 바꿔야 해요. 아예 접근 방식이
달라야 합니다.

오래전에 제가 겪었던 일화 하나를 소개할게요.

직장 근처에 길 하나 사이로 옷 가게 두 개가 마주 보고 있었어요.
두 곳 다 여성 옷 편집숍이었는데 한 가게는 파사드부터 시작해서

출입구가 있는 건물 앞면

84

내부 인테리어가 정말 멋졌어요.

쇼윈도에 전시되어 있는 옷들도 근사했고 누가

봐도 그곳을 만들고 운영하는 사람이 뛰어난 감각의

소유자란 걸 알 수 있었어요. 하지만 이상하게도

그 매장에는 손님이 별로 없었어요.

당시에 제가 유추했던 이유는 공간이 지나치게

세련되고 멋있어서 손님들이 쉽게 입장을 못하고,

매장의 인테리어에 주눅 든다는 거였어요.

반대로 맞은 편에 있는 가게는 옷의 가격은

비슷했는데 손님이 늘 북적였어요. 다른 점은 출입문이

늘 열려 있었고 매장 앞에 매대도 있어서 손님들이

인도 전소가르 여행 중에 발견한 미니멀한 인테리어의 카페

가게 안에 들어오기 전 옷을 살펴볼 수 있었습니다.

물론 가격도 공개되어 있었고요. 견물생심見物生心이라는 말이

잘 적용된 매장처럼 느껴졌어요.

사람들은 서있는(걸려있는) 옷보다 누워있는 옷을 더 편하게

여긴다는 것도 그때 알았어요.

인테리어도 맞은편 가게에 비하면 힘을 주지 않고 따뜻하고 편안한

느낌이었어요.

시간이 지난 뒤 멋있고 세련된 매장은 문을 닫았고 맞은편의 가게는

옆 매장을 인수해서 공간을 확장했어요.

이 에피소드는 장사하기 훨씬 전인데도 저한테 강렬한 경험으로

남았어요.

인테리어가 멋진 것과 장사가 잘되는 것은 별개구나.

인테리어는 돈을 쓰려고 하는 것이 아니라 벌려고 하는 거구나.

사람들은 차가움(세련됨, 멋짐)보다는 따뜻함(편안함, 낮은 문턱)을

좋아하는구나.

이때부터 길을 가다가 장사가 잘되는 매장들을 습관처럼

눈여겨봤는데, 정말이지 오랫동안 잘되는 곳에는 공통적으로

따뜻함이 있었어요.

한동안(지금도) 유행했던 미니멀하고 세련된 인테리어의 단점은

처음 오픈했을 때는 멋진데 빨리 낡는다는 거예요.

군더더기 없고, 깨끗하고, 매끈한 그 느낌을 365일 하루 12시간 이상씩 운영하면서 유지하기는 어려워요.

인테리어를 전문적으로 하는 분들도 공간을 만드는 사람이지 운영하는 사람은 아니기에 이런 점을 간과할 수 있어요.

몇 년 전에 외국의 유명한 디자이너가 서울에 만들었다는 매장을 방문한 적이 있어요.

공간은 그 자체로 예술이었어요. '악마는 디테일에 있다'라는 말이 그대로 적용된 곳이었습니다.

하지만 제 마음속에 걱정 하나가 일었는데, 인테리어의 모든 부분을 직접 제작했다는 점이었어요. 상업 공간은 그 특성상 불특정 다수가 이용하는 곳인데 고장 나거나 망가지면 어떡할까 궁금했어요.

그로부터 1년 뒤쯤 그 공간을 재방문했을 때 걱정은 현실이 되어 있었어요. 공간의 많은 부분이 망가진 채로 운영되고 있었거든요.

문이 잠기지 않던 화장실의 아름다운 문고리가 지금도 생각나요.

공사 항목

현장마다 차이는 있겠지만 대략적인 공사 내용은 아래와 같습니다.

○ 철거

○ 전기 공사: 증설, 조명, 냉난방기, 환풍기 등

○ 목공, 금속 공사

○ 설비 공사: 정화조, 화장실, 수도, 도시가스 등

○ 바닥 공사: 에폭시, 타일, 마루 등

○ 도장 공사

○ 외부 사인(간판)

예산 정하기

우선 인테리어 예산을 정하고 공사 내용과 범위를 정해야 합니다.
그리고 그 금액을 반드시 사수하세요.
아무리 멋진 아이디어가 떠올라도 비용 안에서 해결할 수 없으면
잊고 다른 방법을 찾으세요.
한계만이 당신을 창의적이게 할 수 있어요.
저는 당시에 인테리어 비용으로 책정한 금액이 700만 원이었어요.
무엇을 하기에도 부족한 금액을 어떻게 쓸지 고민하다가 지하에

영화 위플래쉬의 모티브가 된 드럼 학원, 철거 전 모습

드럼 학원에 있던 거울을 활용해 거울방을 만들었다.

개업 전날 달았던 돌고래

화장실을 만들기로 결정했어요. 1층에 공용 화장실이 있긴 했는데
너무 열악해서 손님들에게 사용하게 할 순 없었거든요.

철거와 전기 증설, 화장실 공사를 하고 나니 400만 원 넘는 돈을
쓰게 됐고 약간의 목공 작업을 제외하고는 스스로 작업했습니다.
친구들의 도움을 많이 받았어요.

테이블과 가구는 모두 중고나라에서 무료 나눔 하는 걸 받았어요.
심지어 긴 바 테이블마저 당구장 휴게실에 있던 걸 얻어왔습니다.
전자레인지, 커피포트 등 제가 가지고 있던 건 그대로 사용했고 주방
집기는 대부분 황학동에서 중고로 구매했습니다.

원하는 분위기(콘셉트) 정하기

당시에 제가 정한 인생의 단맛의 분위기는 키치함, 독특함,
건전함(편안함)이었어요.

적은 금액으로 연출할 수 있는 분위기가 그것뿐이었고, 창의적
칵테일과도 잘 어울린다고 생각했기 때문입니다.

당시에는 제가 술을 마시지 않던 시절이라 저처럼 술을 잘하지
못하는 분들도 편하게 올 수 있는 공간을 만들고 싶었어요.

주머니가 가벼운 사람도, 혼자인 사람도 부담 없고 편안하길
바랐습니다. 그래서 폐업한 만화방에서 만화책들을 구입해서
바 뒤편에 놓아 두었어요. 만화책은 자연스럽게 인테리어 역할도
해주었습니다.

혼자 오시는 손님들을 위해 만화책을 두었다.

인테리어 ① : 한계가 빚어낸 미학

바에 앉은 사람들과 저의 심리적 안정 거리를 확보하기 위해
비디오테이프로 스크린에 영화를 틀었습니다. 손님들의 시선이
자연스레 스크린으로 갔고, 종종 비디오와 영화에 관해서 얘기할 수
있어서 좋았어요.
그리고 제가 그동안 찍었던 사진들을 액자로 만들어 걸거나
여기저기 놓아 두었어요.
가게 바깥으로는 스피커를 설치했어요. 음악이 좋아서 들어왔다는
손님도 많았습니다. 즐겨 듣던 국내의 인디 음악을 주로 틀었어요.
이름이 한글로 지어진 칵테일이 많았으니 공간과도 상호와도
어울린다고 생각했어요.

결론적으로 적은 예산으로 제가 선택한 건 두 가지였어요.

1. 손님들의 편의를 위한 화장실
2. 호기심을 유발하는 입구 (지하여서 내부 공간을 볼 수 없기 때문)

직영 공사 vs 인테리어 회사

예산과 콘셉트를 정했다면 이제 공사를 어떻게 할지 정해야 합니다. 직영 공사는 공사의 모든 과정을 직접 하되 전문가가 필요한 부분(전기, 설비, 목공 등)만 외부 업체의 도움을 받는 방식이에요. 인테리어 회사에 맡기면 디자인부터 시공까지 회사가 모든 항목을 진행해 줍니다.

당연히 전문 업체에 맡기면 공사 퀄리티도 좋고 편하겠지만 장점만 있는 건 아니에요. 우선 비용이 직영 공사에 비해서 높고, 공기(공사 기간)가 짧기 때문에 막상 완성된 결과가 내가 상상하던 모습이 아닐 수 있어요. 작업 중에 아니다 싶어도 멈추거나 수정할 여유가 없습니다. 그분들은 시간이 곧 비용이라서 스케줄이 촘촘하게 정해져 있기 때문이에요.

저는 소자본 창업은 직영 공사를 권합니다.
우선 비용을 절감할 수 있고, 앞으로 장사하면서 숱하게 마주할 문제를 해결하는 데 도움이 되기 때문이에요.

장사를 시작하면 가게에 있는 모든 시설에 문제가 생긴다고 생각하시면 돼요. 그래서 내 가게의 전기 배선을 어떻게 했는지, 상수도와 하수도는 어디로 연결되는지, 공사를 하면서 발견한 취약 구간은 어디인지를 아는 게 중요해요.

전 과정을 적극적으로 참여해서 보게 되면 이후에 전문 업체랑 일을 할 때도 큰 도움이 될 거예요.

그리고 같은 이유로 직영 공사를 할 때는 가급적 내 매장과 가까운 업체나 작업자에게 맡기는 게 좋아요.

정말 급하게 전기나 설비 쪽에서 문제가 생겼을 때 아무래도 작업을 했던 사람이 오면 문제 해결이 수월하기 때문입니다.

같은 동네에 계신 분이기에 잘 알아두면 도움받을 일이 종종 생깁니다.

여기서 들었던 수많은 이야기들은 무덤까지 안고 갈 것이다.

동네 사랑방 역할을 하던 시절

인테리어 ① : 한계가 빚어낸 미학

맨정신이 마약

저는 세상을 변화시키는 중이에요. 정말입니다.

왜 그렇게 취했냐는 질문에 손님은 이렇게 답했다.

하루에 책을 두 권씩 읽거나 두 편의 영화를 보거나 두 번의 데이트를

하는 사람들은 이상하게 보지 않으면서 고작 두 병의 술을 마시는

사람은 한심하게 바라보죠. 사장님도 같은 생각이신 거죠?

나는 대답하지 않았다.

사장님 제가 수수께끼를 하나 낼 게 맞춰 보세요. 쌓이기는 하는데 덮을

순 없는 게 �게요.

글쎄요.

죄.

죄예요 죄.

그렇군요.

죄가 차곡차곡 쌓여가는데 어떻게 취하지 않을 수 있나요.

내가 그동안 지은 죄를 생각하는 동안 손님은 바에 엎드려 잠이 들었다.

뜬금없는 생각이지만 술이 액체라서 다행이란 생각이 들었다.

처음 내가 장사를 하겠다고 주위에 말했을 때는 별다른 반응이 없었는데 나중에 그게 술집이라는 걸 알고는 모두 놀랐다. 내가 술을 좋아하지 않았기 때문이다. 술을 좋아하지 않는 것과 싫어하는 것은 구분할 필요가 있는데 나는 후자였다.

특히 술 자체보다 술에 취한 사람을 견디지 못했다. 견디지 못하는 상태가 화로 발현되는 게 더 큰 문제였다. 가까울수록, 좋아할수록 그 화는 커졌다. 좋아하던 친구나 애인도 술에 취해서 눈빛과 혀가 풀리면 정이 떨어지고 고양되던 감정들도 빠르게 식곤 했다. 아무리 대단한 사람도 취해서 흐트러진 모습을 보고 나면 한심한 인간으로 보였다. 이십 대 때는 여자친구가 술에 취해서 보고 싶다고 집 앞까지 찾아왔는데 문을 열어주지 않은 적도 있다. 많이 좋아했던 터라 그 감정을 지키고 싶었기 때문이다. 스스로 생각해 봐도 고약하다 싶지만 누군가는 고수를 못 먹고, 고양이를 만질 수 없고, 힙합을 견딜 수 없는 것처럼 내게도 그런 문제였다.

가장 참기 힘든 건 늦은 밤 취해서 걸려온 전화였다. 어떤 마음으로 전화했는지 알기 때문에 끊을 수도 없었지만 가만히 듣고 있을 수도 없었다. 다정한 사람들에게 뱉었던 차갑고 모진 말들. 그런 사람이 어떻게 술집을 하게 됐냐고 묻는다면 그런 게 인생 아니냐고 되묻고 싶다. 꼼꼼하게 계획하고 성실히 달려와서 다다른 전혀 다른 곳.

용감하게 술집을 개업하고 보니 세상에는 술을 좋아하는 사람이 정말 많았다. 일주일에 한두 번 오는 거로는 단골 축에도 못 낄 만큼

애주가들의 술 사랑은 대단했다. 그들은 매일 마셨으며 대개 어느 정도씩 취했다. 예전에는 자리를 피하면 그만이었지만 이제 이들을 상대하는 바텐더가 나의 직업이다. 저항하는 건 지속되고 살펴보는 건 사라진다고 했던가. 그렇게 싫어하던 취한 사람들을 5년 정도 매일 보다 보니 술에 대한 나의 인식도 크게 변했다. 취한 사람을 보면 이제는 화보다 걱정스러운 생각이 먼저 들고 바에 엎드려 잠든 손님의 모습을 보고 있으면 애틋한 마음도 든다. 한 잔만 더 하자는 말은 조금 슬프기도 한 것 같다. 왜 그렇게 취해야만 하는지 완전히 이해할 순 없지만 가끔 아주 조금은 알 것 같기도 하다.

냉동실에 넣어 둔 보타니스트로 레몬 없이 만든 진토닉, 버젤페터와 진저에일로 만든 하이볼, 깜파뉴와 레드에일, 해산물을 곁들인 준마이, 여름밤의 피노누아, 추운 날 마시는 핫 위스키 토디.

그리고 나도 어느 정도는 술을 좋아하게 되었다.

죄 때문에 술을 마시던 손님이 오랜만에 가게를 찾았다.

혹시 무알콜 칵테일도 되나요?

네 준비해 드릴게요. 그런데 웬일로 술을 드시지 않으세요?

사장님 맨정신이 마약입니다. 사람은 늘 깨어있어야 해요. 이 말을 했던 전혜린이 자살하기 전날 요 앞 학림다방에서 커피를 마셨던 사실을 알고 계셨나요.

예전에는 올이 풀려나간 털실처럼 느슨했던 손님 얼굴이 오늘따라 강가에 자갈돌처럼 단단하고 매끈해 보였다.

인테리어 ②

: 분위기 메이커

손님들이 집에서 좀 더 저렴하게 먹을 수 있는 음식을 밖에서 드시는 이유는 무엇일까요? 사람들과의 약속을 카페나 바에서 갖는 이유는?

맛, 간편함 등 몇 가지 이유가 있겠지만 가장 큰 이유는 '집에는 없는 분위기'라고 생각해요. 인테리어의 목적은 이 분위기를 연출하는 데 있습니다.

분위기를 이루는 요소는 너무 많지만, 가장 큰 지분은 인테리어에 있어요.

카페에는 커피처럼 그윽한 분위기가 있고, 선술집에는 술맛 나게 하는 정서와 무드가 있습니다.

이 분위기를 만들 때 생각해야 할 점을 이야기해 보려 합니다.

집에서는 왜 분위기를 내기 어려울까요?

집은 식사부터 빨래, 수면까지 해야 하는 다목적 공간이라 생활감이
있기 때문이에요.

하지만 우리의 공간은 목적이 오직 하나입니다.

(손님들의) 좋은 시간을 만든다.

좋은 공간은 좋은 시간을 만들 수 있어요.

외식업을 준비하는 많은 분이 매장을 만들 때 자주 하는 실수가
집처럼 기능성에 집착하는 겁니다.

특히 관련 일을 해보신 분들일수록 그런 경향이 큰 것 같아요.

주방 동선이 어쩌고저쩌고….

전에 일할 때 이런 공간이 없어서 불편했어요,

그 설비가 없으면 일을 할 수 없어요 등등.

소자본으로 창업하는 작은 면적의 매장에서 이런저런 상황을
고려하면 이도 저도 아닌 공간이 만들어질 가능성이 높아요. 명심할
건, 손님들은 그런 것에 별 관심이 없다는 거예요. 실제로 저는
바 없는 바도 만들어봤지만 장사에는 아무런 지장이 없었어요.

101

오직 이곳이 분위기가 있냐 없냐(여기서 돈을 쓸 건지 다른 곳을
찾을 건지)만이 중요합니다. 업무 환경이 좋고 동선이 완벽하고
매장이 쾌적하면 무얼 하겠어요, 손님이 찾아 주시지 않는다면?
대형 덕트(환풍 시설) 때문에 매장의 분위기를 해친다면 저는
환풍기가 필요 없는 메뉴를 팔겠어요.

서비스의 만족도를 높일 수 있다면 운영의 어려움은 극복해야 해요.
실제로 저는 근대 한옥으로 두 번째 매장을 만들 때, 바의 동선을
확보하려다가 공사를 멈춘 적이 있어요.

일하는 스태프들의 동선을 위한 공간이 필요했는데 그러려면

손님들이 머무는 공간의 매력이 줄어드는 상황이었어요.

절대로 그렇게는 할 수 없어서 끙끙대고 있었는데, 고민이 일주일을

넘어가자 공사를 도와주던 친한 동생이 화를 내며 소리쳤어요.

"형, 그냥 불편하게 써!"

유레카, 왜 그 생각을 못했지.

손님들의 공간은 손대지 않은 채 일하는 바 내부 공간을 좁게

만들었습니다.

재밌는 건 그 매장을 만든지 10년이 됐는데 아무도 불만이 없다는

점이에요. 서로 몸을 틀어서 움직이고, 층고가 낮은 곳은 고개를

숙여 다닙니다. 오래된 한옥이기에 오히려 자연스럽고 손님들이

보기에도 재밌습니다.

작업 동선이 나오지 않아서 공사가 이대로 멈춰 섰다. 독일주택

인테리어 ② : 분위기 메이커

이후에 매장을 만들 때도 항상 첫 번째 질문은 이거였어요.

이곳을 어떻게 만들면 손님들이 좋아할까?

건축가 루이스 설리반은 형태는 기능을 따른다고 말했지만,

소상공인에게는 기능이 형태를 따라옵니다.

밸런스보다는
치우침

요즘 외식업의 인테리어가 상향 평준화되어 대부분의 공간이

훌륭한데, 문제는 개성(고유성)이 없다는 거예요.

단점을 찾기는 어렵지만 매력을 찾기도 어려운 게 사실이에요.

좀 더 풀어서 설명하자면 매장은 한 결(하나의 느낌)이 있어야

해요. 잘되는 가게를 보면 매장의 인테리어와 파는 상품(서비스),

운영하시는 사장님이 한 느낌인 경우가 많을 거예요.

가게 = 사장님

이런 공식이 성립해요. 목소리와 냄새 같은 게 느껴져야 해요.

인테리어는 전문 업체가 힙하게 만들어주고, 아이템은 트렌디한

결로 정하고, 매장의 음악은 유행하는 것들로 채운다면, 그 공간이

손님들에게 어떻게 읽힐까요?

아무런 인상도 남기지 못할 거예요.

좋은 걸 모아놓는다고 해서 매력이 생기지는 않습니다.
매력은 밸런스가 아니라 치우친 상태를 긍정적으로 보는 것에
가까워요. 모두를 만족시킬 필요도 없고, 그럴 수도 없어요.
14평 가게의 10개 테이블을 채우는 게 우리의 목표입니다.
멋진 인테리어는 쉽게 따라할 수 있지만 당신에게서 길어올린
고유한 분위기는 누구도 빼앗아갈 수 없습니다.

환경에
조응하는 일

유머 감각이 뛰어난 사람과 그렇지 못한 사람의 차이가 뭐라고
생각하세요?
재밌는 사람은 현재 상황에서 파생된 실마리로 유머를 구사해요.
그렇지 못한 사람은 평소에 외워두었던 재미있는 이야기를
꺼냅니다.
온라인에서 옷을 사면 실패가 많은 이유가 뭘까요?
입어보지 않고 사서 그럴 거예요. 옷 자체는 예쁘지만 나의 체형과
피부 톤에는 어울리지 않는 거죠.

저는 인테리어도 마찬가지라고 생각해요.

현재 내가 얻은 매장의 장소성에 어울리는 분위기를 연출하는
게 중요해요. 아무리 멋진 레퍼런스를 찾았다고 해도 장소성을
고려하지 않고 구현한다면 드라마 세트장 같을 거예요.
가짜 같다는 이야기예요.
소자본 창업의 인테리어는 환경에 조응하는 일에 가깝다고
생각해요.

언젠가 가게는
영화가 될 것이다[●]

어렸을 때 미용실에서 우연히 읽은 책 제목이 생각나요.
'삶은 영화처럼 일은 예술처럼'
호주에서 사업으로 성공한 한국인 부부의 자전적 이야기를 담은
에세이였는데, 제 기억이 잘못된 건지 아무리 검색해도 정보가
없네요. 혹시 아시는 분 있으면 제보 부탁드립니다.
왜 이 이야기를 꺼냈냐 하면, 저는 장사를 하면서 이 일이 영화를
만드는 일과 비슷하다는 생각을 자주 해요.

● 『언젠가 세상은 영화가 될 것이다』, 정성일

철거 후 발견된 서까래를 확장해서 만들어진 공간. 오무사

○ 제목 (상호)

○ 로케이션 (장소성)

○ 시나리오 (콘텐츠, 상품)

○ 배우 (스태프)

○ 미술 (인테리어)

○ 음악 (플레이리스트)

○ 제작비 (창업 자금)

○ 관객 수 (매출)

○ 감독 (사장)

107

상호부터 냅킨까지 사장이 모든 걸 선택하고 준비를 마치면

큐사인이 들어옵니다. (영업 개시)

매장에서 일을 하다 보면 이 모든 것이 어우러져서 분위기가 완벽할

때가 있어요. (OK 사인)

가게는 만석인데 소란스럽지 않고, 손님들의 표정은 만족스럽고,

직원들은 서로 배려하며 즐겁게 일하고, 테이블 회전도 좋아서

매출도 괜찮을 때.

그럴 때 느끼는 만족감은 뭐라 설명할 수 없어요.

장사의 가장 좋은 점이 저는 이거라고 생각해요.

자신의 효용을 손실 없이 체감하는 일. 나로부터 시작된 일이 타인과

연결돼서 어떤 누락도 없이 결과(수익)로 이어지는 경험.

직장 생활이 대기업 유통 구조와 비슷하다면 장사는 생산자 직거래

방식과 가까워요.

사진을 찍던 시절에는 제가 일을 잘하는지 못하는지에 대한

스스로의 평가가 날씨처럼 변했는데, 장사는 매일 매출과 테이블

수를 정확하게 알 수 있어서 좋았어요. 손님들의 표정은 더 정확한

지표고요.

음악 사용법

바흐가 없었다면 신은 삼류가 됐을 것이다.
─────── 에밀 시오랑

음악의 중요성을 이렇게 잘 표현한 문장은 없을 거예요.

기껏 근사한 공간을 만들어 놓고 어울리지 않는 음악을 틀어 아쉬운

곳들을 많이 봅니다.

사장님들의 에고가 가장 크게 반영되는 부분이기도 해요.

명심해 주세요. 내가 좋아하는 음악을 트는 게 아니에요. 공간과

어울리는 음악을 고르는 거예요. 분위기를 고양하고 손님들이 좋은

시간을 보낼 수 있도록 음악을 사용하는 거예요.

이건 의지만 있으면 학습으로도 가능한 일입니다.

예전에 새 가게 BI(브랜드 아이덴티티)를 위해서 한 디자이너랑 일할

때였어요. 그분은 저희 가게에서 매니저로 일했던 분인데 외국에서

유학 중이었어요. 만나서 회의는 할 수 없었고, 몇 차례 의견을

나누다가 그분이 공간이 연상되는 음악을 몇 곡 찾아서 보내 달라는

요청을 했어요. 재밌어하며 그렇게 했고 결과물은 무척 좋았습니다.

언어보다 순도 높은 소통을 했던 놀라운 경험이었어요.

훗날 그 디자이너는 영화감독이 되어서 한 영화제에서 큰 상을 받게

되었어요.

이건 다른 이야긴데요,

다르덴 형제는 왜 영화를 만들 때 음악을 사용하지 않느냐는 기자의
칸 영화제에서 황금종려상을 두 번 받은 벨기에 영화감독
질문에, 자신들도 음악을 쓰고 싶은데 편집할 때 아무리 검토해 봐도

음악을 넣을 곳을 찾지 못했다고 대답합니다.

이해가 돼요. 음악 없이도 완벽한 영화니까요.

저도 술을 마실 때 음악 없는 곳을 선호해요.

주로 노포인 경우가 많은데 손님들의 대화 소리로, 직원들이 일하는

소음으로, 무심히 켜놓은 TV 소리로 분위기는 충분합니다.

한 겹의 가게들

수도원

벨기에 손님들이 오셔서 자기 나라에 있는 수도원보다 더 수도원

같다고 해준 말을 최고의 칭찬으로 기억하고 있어요.

지금은 스태프들의 호흡기 건강을 위해서 초를 많이 줄였지만

초창기에는 촛불에만 의지해 영업했었어요.

수도원 맥주를 주력으로 팔고 중세 시대가 연상되는 음악을 틀고
수도사들이 금식 기간에 식사 대신에 만들어 마시던 맥주

있어요. 주력 메뉴는 수도사 플레이트(거친 빵과 레드와인)와 성찬
플레이트(빵, 과일, 햄류, 치즈, 견과류, 올리브 등)입니다.

커피한잔

서울에서 가장 좋아하는 공간 중 한 곳이에요.

젊은 시절 저의 미의식을 흔들었던 카페.

돌이켜보니 인생의 단맛은 이곳의 영향을 많이 받았네요.

폐품을 활용해 공간을 직접 만드셨고, 모든 집기는 재활용한

것이에요. 숯불로 로스팅한 진한 커피가 있고 투박하지만 맛난

디저트가 있습니다.

사장님과 가게의 구분이 어려운 물아일체物我一體의 공간.

도어스2 LP바

대학로 학림다방이 낮의 서울시 문화유산이라면 도어스는 밤의 서울시 미래유산이에요. 다양한 세대가 자연스레 섞여 향유하는 공간을 좋아하는데 이곳이 그래요.

가게 이전 소식을 들었을 땐 사라지는 줄 알고 심장이 덜컹했어요. 다시는 못 간다고 생각했을 때 슬픔이 이는 공간. 도어스 같은 곳을 만들고 싶네요.

긴 세월 사랑받는 가게들을 보면 다음 질문으로 이어져요. 어떻게 하면 낡지 않고 깊어지는 공간을 만들 수 있을까?

직업 윤리

: 상인은 상인답게

상인은 상인답게

영화 『테넷』 보셨나요?

시간의 흐름을 뒤집는 인버전을 통해 미래와 현재를 오가는 SF 액션

영화인데요, 저는 이 영화가 직업 윤리에 대한 영화로 보였어요.

특히 영화 초반에 특수 요원인 주인공이 고문당하면서도 비밀을

지키는 장면에서는 '세상에 아직도 저런 공직자가 존재한다는

말인가'라는 생각을 하며 큰 감명을 받았습니다.

평소에 세상이 좀 더 좋아지려면 사람들이 선해지는 걸 기대하는

것보다 모든 직업인들이 자신의 직업 윤리를 강화하는 게 더 나을

거라고 생각하고 있어요.

법조인은 법조인답게, 언론인은 언론인답게, 의료인은 의료인답게,

상인은 상인답게!

운영이 90%

지금까지 가게를 개업하기 위해서 우리는

장사를 왜 하려는지 점검하고

나의 강점을 파악하고

아이템을 선별하고

매장을 찾고

인테리어 공사를 하고 분위기를 연출했습니다.

'왜'와 '무엇을'에 대해 준비했다면 이제부터는 '어떻게'에 대해 말해보려 해요. 제가 여러 가게를 운영하며 깨달은 것은 가게의 성패는 90%가 운영에 달려 있다는 점이에요.

맛난 음식과 멋진 인테리어로 잠시 잘될 수는 있겠지만 그것만으로 오랜 시간 매장을 유지하기는 힘듭니다.

잠시 반짝거리며 주목받는 것과 긴 세월 사랑받는 일은 큰 차이가 있어요. 무엇이든 10년 이상 네 곁에 있는 거라면 귀하게 여기라던 한 선배의 말이 떠오르네요.

지리산 둘레길을 걷는 것과 미국 PCT(Pacific Crest Trail)를 걷는
미국 3대 트레일. 4265km
일은 채비에도 마음에도 큰 차이가 있습니다.

장사, 그 쇠잔함에 대하여

당시에 저는 새로운 일을 한다는 설렘도 있었지만 큰 두려움도 하나 가지고 있었어요. 그것은 제가 '가게와 함께 쇠잔해지면

어떡하나'라는 거였어요.

제 주변에는 글을 쓰거나, 영화 일을 하거나, 그림을 그리는 예술계 쪽 사람들이 많았는데 경제적 이유로 장사를 많이 했어요.

부업으로 하는 분도 있고 전업으로 하는 분도 있었지만 대부분 장사는 잘 안 됐어요. 저보다 똑똑하고 감각도 뛰어난 사람들이었는데 말이죠.

특히 술집을 하는 분들은 장사한 세월이 길수록 가게와 함께 쇠잔해지고 있었습니다.

저도 그렇게 될까 봐 얼마나 무서웠는지 몰라요.

개업 전날 두려움에 사로잡혀 썼던 글이에요.

> 내일이면 개업이다. 5월 1일 노동절에 맞춰 시작하려고
> 했는데 한 달이나 늦어졌다.
> 통장에 남은 돈은 80만 원 남짓. 개업 첫날 식자재
> 살 돈이 없어 신문사 정기 구독 신청하고 현금 9만 원 받아서
> 장사했다는 P형보다는 낫네. 그래 내 처지가 조금 더 낫다.
> 나는 더는 물러설 곳도 내려갈 곳도 없다.
> 아주 조금 비장한 감정이 드는 것 말고는 괜찮은 것 같다.
> 5년 뒤쯤이면 나는 망해 있을까? 아니면 괴물이 되어
> 있으려나.

상인일기라는 블로그를 만들고 여기까지 쓰고 다음 일기를 쓰기까지 8년 7개월이 걸렸어요.

다행히 저는 망하지도 괴물이 되지도 않았습니다.

이순신 장군은 전쟁 중에도 매일 일기를 썼는데 부끄럽네요.

제가 생각하기에 그분들이 장사가 잘 안 됐던 이유는

두 가지였어요.

에고와 원칙 없음.

에고의 속삭임은 이런 거예요.

원래 나의 직업(정체성)은 ○○○이고 장사는 부업(취미)으로

하는 거다. 나만의 아지트를 만들어서 좋아하는 사람들과 즐기려고

만들었다. 한국에는 아직 ○○를 제대로 아는(하는) 가게가 없어서

내가 보여주려고 시작했다.

시작도 하기 전에 도망갈 명분을 만들었어요.

장사를 '왜' 하는지 의도가 흐릿합니다.

저는 돌아갈 다리를 불태웠어요. 사진을 다시는 찍지 않겠다고

주위에 선언하고 실제로 일이 들어와도 하지 않았습니다.

오마에 겐이치는 말했어요. "인간을 바꾸는 방법은 3가지뿐이다.

시간을 달리 쓰는 것, 사는 곳을 바꾸는 것, 새로운 사람을 사귀는 것.

이 3가지 방법이 아니면 인간은 바뀌지 않는다."

장사는 이 3가지가 자연스레 모두 바뀌는 흔치 않은 기회예요.

저는 제 삶을 바꾸고 싶었고 이번이 마지막 기회라고 생각했어요.

저의 정체성을 사진가에서 상인으로 바꿨습니다.

그리고 몇 가지 원칙을 정했어요.

○ 영업 시간을 지킨다.

○ 임시 휴업은 없다.

○ 대관은 영업 시간 외에만 한다.

○ 손님과의 거리를 유지한다.

○ 손님에게 절대로 말을 놓지 않는다.

○ 지인의 테이블이라도 합석하지 않는다.

○ 지인이 와도 손님으로 대하고 경어를 쓴다.

○ 영업 중에 매장에서 식사하지 않는다.

○ 업무 중에 시음이나 개발 외에 술을 마시지 않는다.

○ 마감(정리 및 청소)을 하고 퇴근한다.

○ 화장실을 늘 깨끗하게 한다.

○ 시각적, 청각적, 후각적 청결을 유지한다.

○ 손님이 권하는 술을 마시지 않는다

○ 손님과 다투지 않는다.

○ 손님 험담을 하지 않는다.

○ 손님을 서운하게 보내지 않는다.

○ 부정적인 생각은 해도 부정적인 말은 하지 않는다.

○ 내가 소비하지 않는 것은 팔지 않는다.

○ 가게를 팔지 않는다.

○ 양심을 팔지 않는다.

경험이 쌓이고 노하우도 생겨서 회사에 더 자세한 매뉴얼이 있지만
지금 봐도 충분한 원칙이네요.

임시 휴업은 없다

말 그대로예요. 영업 시간을 준수하고 손님과의 약속을 지키는 일.
저는 12년 동안 장사를 하면서 '개인적인 사정으로 오늘 하루는
휴무합니다'라는 안내장을 가게 문에 붙여본 적이 없어요.
당연해 보이고 쉬워 보이는 이 일을 지키는 가게는 정말 드물어요.
배의 조타륜에서 1도만 틀어도 시간이 지나면 엄청난 차이가 나는
것처럼, 영업 시간을 지키는 가게와 안 지키는 가게는 전혀 다른
곳에 도착하게 돼요. 주위에 창업하는 사람이 조언을 부탁하면 꼭
하는 이야기도 이거예요.
'영업 시간을 지키세요. 손님의 입장에서 생각해보세요.'
애써 먼 곳에서 어떤 가게를 찾아 방문했는데 임시 휴업이거나
대관으로 영업을 하지 않는다면 얼마나 힘이 빠질지.

SNS에 공지했으니까 괜찮다고요?

손님들이 방문할 때마다 왜 그런 수고를 해야 하나요.

조금 알려지게 되면 여기저기서 대관 문의도 들어오는데 그럴 때도 저의 원칙은 영업 시간을 피해서입니다.

지금 당장은 목돈이 탐나겠지만 소탐대실이라고 생각해요.

대관을 자주 하는 가게치고 오래 가는 가게는 정말 한 번도 못 본 것 같아요.

여러분들이 다니는(다녔던) 회사를 떠올려보세요. 직원들이 돌아가며 휴무해도 회사는 돌아갑니다.

요즘은 워라밸에 관심이 많아서 장사하면서도 한 달씩 방학을 갖는 분도 계시고 직장처럼 4~5일만 영업하는 곳도 많은 걸 알아요.

각자의 선택이겠지만 우선 가게를 일정 궤도에 올려놓고 나서 생각해 보자는 거예요.

제가 추천하는 방법은 이런 방식이에요.

주 6일 영업(혼자서 6개월 이내) → 직원 채용 후 주 7일 영업(가게는 휴무일 없고 사장님은 이틀 휴무)

1년 이내에 이렇게 만들 수 있으면 개인적인 사정이 생겨도 가게는 365일 영업할 수 있어요. 가게가 안정되면 1년에 한두 번 휴가도 다녀올 수 있게 됩니다.

손님들이 자연스레 영업일을 확인하는 설날이나 추석 연휴가

아니라면 매장은 매일 영업하는 걸 추천합니다. 그리고 손님이
없어도 내가 공지한 마감 시간을 준수하는 일도 중요해요.

도망치고 싶은 애매함을 견디세요. 지금 내가 뭐 하는 건가 자괴감도
들겠지만 그 고독감을 즐기세요.

잦은 영업 시간, 휴무일 변경도 좋지 않아요. 가게를 정비하고
시스템을 만들어가는 초창기 시절에만 하세요.

손님과의 거리

가게에서 사장님이 반말하는 사람은 한 명도 없어야 해요.

지인이건, 단골이건, 가족이건 똑같아요. 작은 매장에서 사장이
반말하는 순간 일터에서 사적인 공간으로 바뀌게 됩니다.

경어는 긴장감과 거리감을 유지할 수 있는 훌륭한 도구예요.

예전에 '타다'라는 택시 회사가 생겼을 때 시장의 반응이 왜 그렇게
뜨거웠을까요?

타다는 혁신적이거나 대단한 서비스를 한 게 아니에요. 깨끗한 실내,
조용한 클래식 음악, 난폭 운전 하지 않기, 손님에게
불필요한 말 걸지 않기(중요). 기본 중에 기본을 지켰을 뿐이에요.

다음 글은 개업 초기 시절 한 손님과의 관계에 관해서 쓴 글입니다.

손님과의 거리를 생각할 때 참고가 될 거예요.

한 사람

한 사람의 친구도 버겁다. 니체가 한 말이다.

한 사람이면 돼요 덕현씨. 그 한 사람이 없어서 다들 힘들어하는

거예요. 불교대학 다니던 시절 가까이 지냈던 스님이 했던 말이다.

나를 봐라 네 아버지 한 사람 잘못 만나서⋯. 많은 자식들이 자주 듣는

말이다.

장사를 처음 시작하던 무렵 내 머릿속에도 오직 한 사람 생각뿐이었다.

용기 있고 호기심 있는 한 사람.

우연히 그런 한 사람이 가게에 오고 만족만 하고 돌아간다면 시간은

걸리더라도 가게는 손님들로 채워지겠지.

가게를 오픈하고 정확히 나흘 만에 지인을 제외한 첫 손님이 왔다.

이십 대 후반 정도로 보이는 남자였다.

손님이 안 와도 걱정이었지만 막상 손님이 오니 더 걱정이었다.

편한 곳으로 앉으세요. 떨리지만 침착한 목소리로 말했다.

지인이 몇 명 앉은 바를 제외하곤 가게는 텅 비어 있었지만 남자는

한가운데에 있는 가장 작은 테이블에 앉았다.

메뉴판을 오래 보더니 '모슬포 블루'를 주문했다. 메뉴판 가장 위에 있는 메뉴였다.

가게에 사람이 한 명 늘었는데 정적은 더 선명하고 두드러졌다. 남자는 30분 정도 조용히 술을 마시고는 계산을 하고 나갔다.

손님이 너무 없어 불편했나. 음악 선곡이 별로였던 것 같아. 내일 조명의 조도를 좀 더 낮춰봐야지. 나흘 만의 첫 손님이라 반성은 깊고 길게 이어졌다.

다시는 오지 않겠구나. 그런 생각이 들었다.

예상과는 다르게 남자는 다음 날 가게에 왔다. 어제와 같은 자리에 앉아 '방어진 블루'를 주문했다. 메뉴판 두 번째 메뉴였다. 그다음 날도 그다음 날도 남자는 가게에 왔다. 늘 같은 자리에 앉아 메뉴판에 적힌 순서대로 매일 한 잔씩 주문하고 조용히 머물다가 떠났다. 그 시절 가게의 유일한 손님이었기에 무척 소중했지만, 그러기에 더 조심스러웠다. 어린 시절 예뻐서 조물딱거리다가 죽였던 병아리들을 떠올렸다. 그 시절의 나는 병아리에게 필요한 것은 적당한 무관심과 거리라는 것을 알지 못했다. 남자는 매일 가게를 찾아왔지만 바에 앉지를 않았기에 아는 것이 아무것도 없었다. 열흘 정도를 매일 혼자 오던 남자는 어느 날 좀 더 어려 보이는 여자분과 같이 왔다. 한 사람이 두 사람으로, 매출이 두 배로 올랐던 상징적인 날이었다. 그날 처음 대화를 나누게 되었는데 남자분은 근처 대학의 영상과 학생이었고 여자분은 '영상촌'이라는 영화 동아리의 후배였다. 그날 이후로 가게는 영상촌 사람들이 한 명씩 드나들었고 예술대 학생들이 오기 시작하더니 인문대에서

경상대로 이어지다가 동네 주민들도 오기 시작했다. 가게를 열고
5개월 정도 지나고 나서야 14평의 가게가 만석이 되었다. 혼자 일하던
시절이라 정신없이 바빴지만 조용히 바를 비우고 몰래 만석의 가게를
휴대폰으로 찍었던 기억이 난다. 긴 세월 동안 느껴보지 못했던
성취감이었다.

사람이 늘어나고 바빠져도 그 손님은 성실히 가게를 찾아주었다.
둘 다 사진과 영화를 좋아해 나눌 수 있는 얘기들이 많았다. 그 손님은
진지하고 무거운 질문을 자주 했는데 연애가 잘 안되는 이유가
그것 때문이라는 걸 모르는 것 같았다. 나는 그런 점이 좋아서 어떤
질문은 며칠씩 고민하다가 대답을 하기도 했다. 저분은 마치 이 가게
인테리어의 일부 같아요. 다른 손님이 그분을 가리키며 했던 말이다.
매일같이 가게에 와서 조용히 책을 보거나 글을 쓰던 그분 덕에 개업
초기에 건전한 분위기를 잡을 수 있었다. 알게 된 지도 오래되고
몇 번 밖에서 본 적도 있지만 서로 말을 놓거나 함부로 다가가지
않았다. 그 손님과의 관계와 거리가 자양분이 되어 지금은 많은
단골손님이 생겼다. 고마움의 배당금이란 게 있다면 모두 드리리.

얼마 전에 영월에 캠핑을 갔다가 알게 된 친구가 그분 얘기를 해서 깜짝
놀란 적이 있다. 대학 후배인데 몇 년 전에 자신을 데리고 우리 가게에
갔었다고 했다. 인연의 서늘함이란.
이제는 내가 가게에서 근무하지 않고 그분도 학교를 졸업해서
자연스레 못 보게 되었는데, 전해 들은 얘기로는 사회적 기업을 얼마간

다니다가 그만두고 전통주 제조를 배웠는데 그것도
그만두고 다시 단편 영화를 찍기 시작했다고 한다.
최근에 받았던 연락은 작년 추석 때 받았던 휴대폰
메시지였다.

사장님 잘 지내시죠?

여행 중이라 얘기 들었습니다.

오늘 직접 만든 술을 몇 가지 가져왔는데 안 계셔서

독일주택에 맡겨두었습니다.

직원들이랑 같이 맛보세요. 달을 보니까 단맛에서 같이

명절 보내던 시절이 생각나네요.

건강하세요.

아무도
해주지
않은
말

인생의 단맛께

안녕하십니까 저는 손님 아무개입니다
제가 인생의 단맛께 온지는 몇번 있었지만
그저그런 (술을 그렇게 좋아하지 않는 저에겐)
칵테일바 중 하나였습니다. 하지만 짜계치를 맛본
그 어느날부터 저에게는 매우 다른 의미가 되었습니다.
아시겠나요? 저의 열정과 사랑을요. 과제에 치여나가는
거지만 만약 그걸 무릅쓰고 알바를 하게된다면, 그건
단 하나! 짜계치 때문일거에요. 많이 먹으려고요. 히히.
인생을 즐겼다는 목제에 걸맞게 짜계치는 저에게
인생의 단맛이 되었어요. 하지만 소중할수록 아끼라는 말이
있으니 전 짜계치를 아낄예정이에요. 결코 5천원이
없는 거지가서가 아닙니다. 아무튼 제가 졸업할때
까지 짜계치가 남아있었으면 좋겠어요.
그리고 피클배주세요.
2018이후~
사랑해요 인생의 단맛.
짜계치 사랑해♡

손님이 해주신 말

130

수모를 견디는 일

언제가 이 주제로 얘기해 보고 싶었어요.

가게를 개업하고 나서 겪게 될 수모에 대하여….

여기까지 쓰고 잠시 옛 기억에 먹먹해져서 한참을 있었네요.

예방 주사라고 생각하고 들어 두시면 도움이 될 거예요.

오래전에 인도에 갔을 때 당황했던 기억이 있어요.

가이드북과 다녀온 지인들을 통해 인도가 얼마나 놀랍고,

매력적이고, 더러운지에 대해서 들었는데, 아무도 제게 냄새에

관해서는 이야기해주지 않았어요.

그리고 제가 다른 건 잘 견뎌도 고약한 냄새에는 취약하다는 것도

그때 처음 알았어요.

뉴델리 공항에 도착해서 밖으로 나왔을 때 제가 놀랐던 건 수많은

인파도, 소음도 아닌 냄새였습니다. 인도 어디를 가도 그 냄새가

따라다녔는데 굳이 설명하자면 농축된 지린내였어요.

경이로운 타지마할에서도, 청정한 마날리에서도, 아름다운 고아

해변에서도 그 냄새가 나서 도무지 풍경을 만끽하기 힘들었던

기억이 나요. 세월이 흘러 다시 그 냄새가 그리운 걸 보면 추억은

냄새로 기억된다는 말에 동의가 되네요.

장사를 하기 전에 읽었던 관련 책과 주변 상인들이 얘기해 주지

않았던 건 수모예요. 선의라는 이름으로 자행되는 수많은 조언들.

그게 그렇게 상처가 되고 제 에너지를 뺏을 거라곤 생각하지

못했어요.

초보 사장에게는 특유의 특징이 있어요. 어설프고, 허둥대고,

긴장하고 있는. 하지만 그 모습이 얼마나 풋풋하고 좋은 에너지를

갖고 있는지.

손님들도 그런 에너지를 귀신처럼 알아채고 무리한 요구와 조언을

하는 사람들이 많아요.

다음은 제가 실제로 개업 초기에 들었던 말입니다.

나만의 레시피가 있는데 알려주겠다.

내 친구가 어디에서 장사하고 있는데 도움을 요청해 보겠다.

벽 컬러가 가게랑 안 어울리는 것 같다.

돌고래는 떼는 게 낫겠다.
천장에 달려있던 소품
벽에 걸린 사진 대신에 영화 포스터를 붙이면 좋겠다.

음악 선곡이 별로다. 바에는 재즈를 트는 게 맞다.

지금이라도 늦지 않았으니 양꼬치로 사업을 전환해라. 고기는

내가 소개해 주겠다.

너무 싸게 판다.

너무 비싸게 판다.

투자하고 싶다.

차 떼고 포 떼고 손에 남는 게 얼마냐?

장사 이렇게 아마추어처럼 하면 안 된다 등등.

저는 가게에 '○○○를 하지 말라'는 식의 부정적인 안내 문구를
붙이는 걸 안 하는데 이때는 너무 힘들어서 바 테이블에 '지적질
금지'라고 붙이려고 했어요.

재밌는 건 이 지적질이 제가 3번째 가게를 개업하고 나서야
멈췄다는 거예요. 그때부터는 조언 대신에 저에게 질문을 하거나
도움을 요청하더라고요.

지나고 나서 보니 나쁜 마음이 아니라 사려 깊지 못한 오지랖이라는
걸 알게 됐지만 당시에는 큰 고통이었습니다.

초보 사장님의 지인분들께 부탁드리고 싶어요.

제발 진심 어린 조언을 하지 마세요.

백종원 씨가 조언해도 안 듣는데(『백종원의 골목식당』참고), 우리
말을 듣겠어요. 초보 사장님에게는 당면한 문제가 너무 많아서 그런
말을 들을 정신적 여유가 없어요.

그들에게 필요한 것은 응원과 조용한 격려예요.

제 친구 중 한 명은 매주 화요일 저녁에 퇴근하고 가게에 와서
2시간씩 조용히 머물다가 갔는데(2년 동안) 항상 떠날 때는 자신의
테이블을 단정히 정리해 놓고는 했어요.

가끔 간식도 사다 주곤 했는데 지금 생각해 보니 손님이 가장 없던
날에 온 거네요. (인표야 사랑해)
개업 초기 시절 바 한 켠에 앉아있는 그 친구 덕에 제 마음이 얼마나
안정이 됐던지. 어쩌다 와서 생색내며 매출을 올려주고 수많은
조언을 쏟아내는 지인들보다 고마웠어요.
혹시 주변에 창업하는 사람이 있다면 이렇게 말을 건네보세요.

　　　○○야 너의 새로운 출발을 진심으로 축하해.
　　　너는 ○○한 사람이니 잘 해낼 거야.
　　　오래오래 사랑받는 공간이 되기를.
　　　또 올게.

개업 초기에는 무례한 사람들도 많이 방문해요.
순진하고 경험 없는 사장이란 걸 간파하고 이런저런 선 넘는 행동과
터무니없는 요구를 많이 합니다. 챙겨주며 가까이 다가오거나
지나친 호의를 베풀며 특별한 대우를 원해요.
방치하면 가게와 다른 손님에게 피해를 주는 일이 생기더라고요.
대부분 같은 동네에 계신 분이고 모든 손님에게 잘해야 한다는 강박
때문에 어쩔 줄 몰랐는데 결국에는 잘 끊어내야 해요.
앞장에서 말한 것처럼 모든 손님을 동등한 기준과 원칙으로
대하시고 적정 거리를 유지하세요. 당장에는 손님 한 명이
아쉽겠지만 그래야 매장을 건전하게, 오래 운영할 수 있어요.

베를린 헌책방에서 구매한 그림. 초보 상인의 심경을 잘 담았다.

문제 해결의 크기가
사업의 크기

누군가 저에게 장사(사업)가 뭐냐고 묻는다면, 문제를 해결하는
일이라고 얘기하겠어요.

그렇게 많은 지적을 받게 될 줄도 몰랐지만 가게에서 이렇게 많은
문제가 쉼 없이 발생하는 줄도 몰랐어요.

우선 매장의 모든 시설이 수시로 고장나거나 망가집니다.

불특정 다수가 오랜 시간 사용하다 보니 어지간한 내구성으로는
버텨내질 못해요. 오히려 가게의 모든 물건과 시설이 소모품이라고
생각하시는 게 정신 건강에 이롭습니다. 깨질 수 있는 건 모두
깨지고요, 깨질 수 없는 것도 깨진답니다. 하하.

영업 중에 차단기가 떨어져서 전기나 나가는 일은 흔하고요.

그 이유도 사용 전력 초과에서 누전까지 다양해요.

물이 역류하거나 누수가 발생하거나 동파되는 일도 잦습니다.

출근했더니 지하에 만든 화장실 정화조가 펌프 고장으로
넘쳐서 (오)물 바다가 됐던 적도 몇 번 있어요. 처음에는 너무
비현실적이어서 잠시 나가서 커피를 마셨던 기억이 나네요.

문제는 시설에서뿐만 아니라 다양한 영역에서 일어나요.

이런 저런 민원도 발생하고요.

계산 안하고 도망가는 손님도 있고,

다른 손님의 물건에 손대는 분도 있고,

앉은 자리에서 오바이트 하는 손님

잠들어서 일어나지 않는 손님

화장실에서 나오지 않는 손님이 있어 문을 뗀 적도 있어요.

여기에 나중에 직원까지 늘어나면 어려움은 곱절이 됩니다.

경찰서는 여러 번 갔고 최근에는 화재가 발생해서 소방서도

다녀왔어요.

그러는 동안 저는 어떻게 변했냐고요? 누수 전문가가 되었답니다.

장사가 운영이 90%라면 누수는 진단이 90%예요.

정신없이 다양한 문제를 해결하다가 문득 깨달은 게 있어요.

　　모든 문제는 어떤 방식으로든 해결되는구나.

　　사업이 커질수록 문제도 늘어나는구나.

　　예전에 해결했던 문제는 더는 문제가 아니구나.

　　내가 해결하는 문제의 크기가 내 사업의 크기구나.

그렇다면 문제를 부정적으로 보지 말고 게임에서 다음 레벨로 가기

위한 미션으로 보기로 했어요. 쉬우면 몰입도 안되고 재미없잖아요.

자신의 삶을 매번 더 어렵게 세팅해서 윤회할 때마다 영혼이

성장한다고 믿는 힌두교처럼, 감당하는 무게만큼 근육이 커지는

　　　　　　　　　　　아무도 해주지 않은 말

근력 운동처럼. 어려운 문제에 봉착했을 때 이렇게 생각해 보세요.
문제는 반드시 해결된다.

정말이에요. 모든 솔루션은 인터넷에 다 있어요.
유튜브만 보고 운동해서 올림픽에서 메달을 따는 선수도 있고요,
세계에서 가장 맛있는 피자를 만드는 사람도 있어요.
제가 도움을 많이 받았던 곳은 '아프니까 사장이다'(네이버
카페)예요. 초파리 퇴치부터 제빙기 선택까지, 집단 지성의 힘을
누려보세요.

책임지니까
사장이다

그러면 사장의 본질은 뭘까요? 아프기만 한 사람일까요?
저는 책임지는 사람이라고 생각해요.
성공한 사람들 중에 사업가의 비중이 높은 것도 그들이 사업을
성장시키며 수많은 책임을 감당했기 때문이라고 생각해요.
모든 사장이, 높은 자리에 있는 사람들이, 책임감이 있다고
생각하지는 않아요. 하지만 권한은 큰데 책임이 적은 사람은 괴물이
된다고 생각해요.

사람의 영혼은 자신이 진 책임만큼 성장한다고 믿고 있습니다.

예전에 지인의 요청으로 지방 소도시에서 정부가 지원하는 청년몰
사장님들의 멘토링 일을 잠시 맡은 적 있어요.
몇 분의 사장님과 첫 미팅을 하던 날 그런 생각이 들었습니다.
모두 폐업하겠구나.
상품이 나빠서도 아니고, 인테리어가 별로여서도 아니었어요.
본인이 지는 책임이 아무것도 없었기 때문이에요.
공간은 무상으로 지자체에서 제공받고, 창업 비용과 멘토링 비용은
정부에서 지원해주는데, 폐업을 하게 되면 돈을 갚지 않아도 되는
프로그램이었어요.
아무것도 책임질 게 없는데 무슨 수로 성장할 것인가.
그런 사람을 무슨 수로 돕는단 말인가.
두어 번 미팅을 더 하고 저는 못하겠다고 말했고 1년쯤 지나자 모든
가게가 문을 닫았어요.

고백을 하자면 저는 사업을 하고 나서야 철이 들었어요.
무엇도 책임지지 않고 자립도 하지 못한 채 살아가다가,
14평 공간에서 일어나는 문제와 찾아오는 손님을 책임지면서
한 단계 성장했다고 생각해요. 이제는 책임질 기회가 있으면
부담스럽기보다는 감사하다는 생각이 듭니다.

명분이 없는 일은
고난에 취약하다

그래도 그 책임감이 힘들고 버거울 때가 있잖아요.

저는 힘든 일은 잘 잊는 편이라 대부분 기억이 나지 않지만 최근에

겪은 일은 감당하기가 무척 힘들었습니다. 새로 준비 중인 가게

현장에서 화재가 있었어요.

도장 작업 중이었는데 민원이 심해서 낮에는 작업을 할 수 없었어요.

할 수 없이 주말에 야간 작업을 강행했는데, 새벽에 일을 마치고

떠난 아무도 없는 현장에서 불이 났습니다.

댄디(충견, 9세)와 산책을 준비하던 평화로운 주말 오전 9시에

소방서에서 전화가 왔어요.

  "선생님 공사 중인 현장에서 불이 났습니다. 빨리 현장으로

  와주세요."

수화기 너머의 목소리가 너무 다급해서 아무것도 물어볼 수

없었어요. 이어서 경찰서에서도 전화가 왔는데 언제까지 올 수

있냐며 재촉했어요. 20분이면 갈 수 있다고 말하고 셔츠에 단추를

채우는데 손이 떨리기 시작했어요.

140

순간적으로 많은 생각이 지나갔어요.

이번 현장은 노후된 건물이 빼곡하게 밀집해 있는 곳이었고 2층에는 오래된 여관이 운영 중이었어요. 전날 여관을 찾아가 밤에 페인트 냄새가 날 수 있으니 문을 닫고 주무시라고 안내장을 나눠드렸는데 그게 걸렸어요.

혹시나 닫힌 창문 때문에 냄새를 못 맡아서 대피하지 못했으면 어떡하지?

개업일에 맞춰서 등록하려고 서류 접수만 해놓은 화재 보험도 떠올랐어요. 회사 단톡방에 화재 소식을 알리고 현장으로 가면서 어떻게 운전을 했는지 기억이 나지 않아요.

기억나는 건 핸들 위에서 덜덜 떨리던 제 손.

고작 새로운 가게 하나 더 내자고 사람들을 위험에 빠트렸단 말인가?

만약에 이번 일로 누군가 다친다면 나 자신을 용서할 수 있을까? 슈뢰딩거의 고양이처럼 현장의 모습이 극과 극일 수 있다는 생각에 다급하게 신을 찾았어요. 운전하는 내내 간절하게 기도했어요.

만약에 이번 화재에서 아무도 다치지 않는다면 제 능력과 에너지를 세상에 도움 되는 일에 쓰겠습니다.

다행히 기도가 닿았어요. 기적이 일어났어요.

이웃 인쇄소 사장님 세 분이 현장 앞 골목에 서서 커피를 마시다 화재를 발견했고 초기 진압을 해주셨어요. 연기가 가게 밖으로 새어

나오다가 갑자기 불길이 치솟는 걸 발견하고는 소방서에 신고하고 빠루(쇠 지렛대)를 가져와서 자물쇠를 따고 현장 안으로 들어가 소화기 3대로 초기 진압을 해주셨어요. 소방관들은 도착해서 잔불만 진압하면 되었습니다.

불이 다 꺼진 현장을 보니 도장 작업에 필요한 신나와 인화성 재료들이 화재 난 곳에서 불과 몇 미터 뒤에 쌓여있었어요. 조금만 늦었으면 큰불이 났을 거예요. 그날 여관에는 아홉 명의 숙박객이 있었다고 해요. 조사를 받느라 만난 소방관도 경찰관도 천운이라고 말했어요. 하늘이 도왔으니 착하게 살라고, 불을 꺼주신 분들에게 감사하라고.

삶이 무언가 저에게 말하려 한다는 느낌이 들었습니다.

이번에 깨달은 점

○ 안전을 최우선으로 할 것.

○ 명분이 없는 일은 고난에 취약하다.

○ 과정이 전부다. 과정 속에 누군가 소외되거나 괴로워하는 사람이 없는지 살펴봐라.

○ 돈으로 할 수 없는 일을 생각하라.

외식업의 명분은 무엇일까요?

불교에서는 남에게 밥을 지어주는 일이 덕을 쌓는다고 보더라고요.

저는 외식업을 서비스업에 가깝다고 보는데 사람들에게 맛난 음식과 즐거운 시간을 보낼 수 있도록 공간을 제공하는 일로도 명분은 있다고 생각해요.

이 질문에 대한 답은 저도 계속 찾아가고 있어요.

직원
채용

: 재미없으면 모두 떠나갈 것이다

재미없으면 모두
떠나갈 것이다

제가 자주 하는 생각인데요, 이 일(서비스업)을 하면서 사람들을
채용하고 같이 일하면서 떠올린 문장이에요.

업계의 현실과 어려움이 담긴 탄식에 가까운 말이기도 해요.

가게의 규모와 상황에 따라 다르겠지만 언젠가는 직원을 고용하게
되실 거예요.

채용 공고를 올리기 전에 한 번쯤 생각해 볼 만한 내용입니다.

보편적인 서비스업의 현실

    ○ 세계 어디를 가도 비교적 쉽게 구할 수 있는 직업이다.

    ○ 이직이 잦고 단기 근무가 많다.

    ○ 육체노동이다.

    ○ 급여가 낮다.

    ○ 경험이 없어도 취업이 가능하다.

    ○ 일자리가 많다.

그러니 일반적인 회사에서 채용하듯이 채용하시려고 하면
어렵습니다. 솔직히 말하면 우리가 선택하는 게 아니라 간택당하는
것에 가까워요.

채용자와 구직자가 서로를 선택할 때 고려하는 점을 살펴볼게요.

채용자 입장

○ 인상이 좋은가?

○ (채용 과정 중에) 예의가 있는가?

○ 오래 일할 것 같은가?

○ 관련 일 경험이 있는가?

○ 내 말을 잘 들을 것 같은가?

○ 당장 일할 수 있는가?

구직자 입장

○ 사장 인상이 좋은가?

○ 사장이 이상한 사람은 아닌가?

○ 사장이 까다롭거나 예민한 사람은 아닌가?

○ 사장이 권위적인가?

○ (채용 과정 중에) 예의가 있는가?

○ 노동법에 대한 개념이 있는가?

○ 급여가 높은가?

○ 급여가 밀릴 가능성이 있는가?

○ 일은 편한가?

○ 가게 인테리어가 내 취향인가?

○ 가게 플레이리스트가 내 취향인가?

○ 손님이 너무 많지는 않은가?

○ 제공하는 복지는 뭐가 있는가?

○ 내가 배울 게 있는가?

○ 집에서 가까운가?

○ 늦게 퇴근하면 택시비가 지급되는가?

○ 가게 분위기가 좋은가?

○ 다른 직원들은 인상이 좋은가?

○ 여기서 일하면 재밌을 것 같은가?

○ 사람이 아직 채용되지 않은 비밀이 있는가?

손님은 그냥 가까운 데 가서 먹자며 들어오실 수도 있지만 직원은
그런 식으로 쉽게 구해지지 않아요.
뉴스를 통해서 한 번씩 들으셨겠지만 코로나 이후로는 한층 더
사람을 구하기가 어려워졌어요. 백 마디 말보다 알바몬에 들어가서
올라온 채용 공고를 보시면 더 쉽게 와닿으실 거예요.
구직자 입장에서 나의 가게가, 나라는 사람이 함께 일하고 싶을 만큼
괜찮은지 생각해 보세요.

우리가 던져야 할 질문.

○ 어떻게 하면 구직자가 수많은 가게 중에서 우리 가게를
선택할까?

서울대는 엉덩이로
참상인은 족저근막염으로

사람을 채용하기도 쉽지 않지만 마음에 드는 직원을 만나기는 더
어려울 거예요. 많은 사장님이 가장 힘들어하는 부분입니다.
그러면 저는 어땠냐고요?
저는 이 부분이 제일 쉬웠어요.
어렵기는커녕 제가 일하는 '낙'에 가까웠어요.
운도 좋았고 여러 이유가 있겠지만 한 가지만 꼽는다면 제가 하기
싫은 일은 직원에게 시키지 않았기 때문입니다.

매장에서 일어나는 힘들고, 어렵고, 더러운 일들은 도맡아서 하고
손님들의 호출에도 가장 먼저 엉덩이를 떼고 달려갔어요.
그러면 직원을 왜 뽑냐고요?
나 혼자서 하기에는 일이 넘치고 누군가의 도움이 필요하기
때문입니다. 우리에게 절실한 건 누군가의 '한 손'입니다.
작은 가게에서 직원이란 내 지시를 따르는 사람이 아니라 나를
도와주는 사람이에요. 아쉬운 건 우리지 그들이 아니에요.

제가 앞에서 브랜딩이라는 말을 잊고 눈앞에 손님에게 집중하라고
당부한 것처럼, '오토 매장', '시스템' 같은 단어들은 잊으세요.

직원 채용: 재미없으면 모두 떠나갈 것이다

지금의 우리와는 무관한 단어이자 유해한 단어예요.

만약에 정말 오토 매장을 꿈꾸신다면 이 책은 별 도움이 안 될

거예요. 저에겐 그런 노하우가 없고 심지어 불가능하다고 생각해요.

언제까지 사장이
매장에서 근무해야 하나요?

이 질문에 대한 정답이 따로 있지는 않겠지만 제 생각은 가능한 한

오래예요. 운영하는 매장이 여러 개이고 사장이 매장 근무보다 더

중요한 일을 하게 됐을 때가 아니라면 최대한 오랫동안 매장에서

직원들이랑 함께 근무하라고 말하고 싶어요.

저도 주 5일 이상 풀타임 근무는 3번째 가게까지, 부분 근무는 6번째

매장을 운영할 때까지 했어요. 이 시절부터는 외부 컨설팅 일도

하면서 매장 근무에서 빠지게 되었습니다.

사장이 가능한 한 오래 매장에서 근무해야 하는 이유는 간단해요.

함께 일하는 직원을 동료라고 부를 수 있을 때는 정말 무엇이든

할 수 있기 때문이에요.

사장이 직원들이랑 한 공간에서 같은 일을 하고, 하기 싫거나 어려운

일은 도맡아서 하고, 직원들의 컨디션과 낯빛을 체크하면서 일하면
가게에는 정말 굉장한 에너지가 흘러요. 아무리 바쁜 매장에도
즐거움이 흐르고 그런 곳은 손님들도 금세 알아보고 자석에 끌리듯
모여들어요. 바쁜 가게는 많지만 일하는 분위기까지 좋은 곳은
귀하기 때문이에요. 그런 매장이 어떻게 안 될 수 있겠어요.

매장 근무에서 빠지면서 직원들을 양심상 동료라고 부를 수 없게
됐을 때부터 회사 운영하기가 어려워졌어요. 직원들 앞에만 서면
죄인 같고 공통된 대화의 주제를 찾기가 어려웠어요. 단순한 정보도
문자나 매니저를 통해서 전달되니 불순물이 끼고 오해가 생겨요.
커뮤니케이션의 난이도가 한층 높아졌어요. 사업이 다른 차원으로
이동했음을 직감했습니다.

수도원에서 매장 근무를 하던 시절. 빨리 쥔 때, 종교 통합을 이루었다.

니네가 노는 거지
일하는 거니?

다시 2012년으로 돌아가서 그 시절 제가 직원들과 어떻게 일했는지 이야기해볼게요.

- 다른 곳보다 시급을 더 준다.
- 잘되면 수시로 시급을 올린다.
- 내가 하기 싫은 일은 시키지 않는다. (엉덩이를 가볍게)
- 저녁을 직접 해서 같이 먹는다.
- 안 바쁘면 조기 퇴근 가능.
- 바쁜 날은 따로 돈을 더 챙겨준다. (당일 현금 지급)
- 화를 내거나 잔소리를 하지 않는다.
- 경조사를 챙긴다. (생일, 이사, 졸업식 등)
- 방학 때 방학 가능.
- 직원의 컨디션을 챙긴다.
- 여행을 가면 용돈을 준다.
- 장기 여행을 다녀와도 바로 복직 가능.
- 일하기 싫거나 놀고 싶을 때 휴무 가능. (1시간 전 문자만 보내면 됨. 그런데 아무도 사용하지 않음)
- 직원들의 지인 손님 챙기기.

○ 직원들의 부모님에게 어필하기. (대부분 매장에 한 번씩
오셨다.)

써놓고 보니 놀랍네요. 거짓말 같아요.

이렇게 일하면 어떻게 되는지 아세요?

직원들이 그만두지를 않습니다. 자신이 사장인 줄 알고 사장인

것처럼 일합니다.

자기들끼리 단체방 만들어서 결원이 있는 날은 서로 배려하며

저한테 알려주지도 않고 채우고, 월급날 사장을 불러내서 맛있는

것도 사주고, 그런 직원들을 보며 이 가게에서 일하고 싶어 하는

사람들이 생깁니다. 분위기가 좋으니 매출은 자꾸 오릅니다.

단골손님들이 저에게 정말 많이 물어보셨어요. 여기 일하는

사람들은 쉬는 날 왜 죄다 가게에 오냐? 이해가 안 된다.

그러면 저는 실은 비밀인데 연출한 거다. 계약서 특약에 있고 따로

돈을 챙겨주고 있다며 농담을 하곤 했어요.

당시 매장 매니저의 여자 친구가 했던 말이 생각나요.

그분은 유명한 다국적 기업에서 일하고 있었는데 일을 잘해서

동료들보다 빠른 승진을 하고 있었어요.

"니네가 노는 거지 일하는 거니?"

저는 비아냥 섞인 이 말이 좋았어요.

직원 채용: 재미없으면 모두 떠나갈 것이다

제가 생각하는 (서비스업) 조직과 일의 이상적인 모습이거든요.
다시 이렇게 일할 수만 있다면….

저렇게 일할 수 있었던 건 특별한 시스템이 있어서가 아니라 사장이
함께 일해서예요. 일의 공백을 사장이 모두 메울 수 있잖아요.
작은 가게에서 소수의 직원들과 일할 때는 매뉴얼도 필요 없습니다.
사업이 커지고 사람이 늘어나면 규칙이 선명하지 않은 곳에서
문제가 발생하는데, 그때 만들면 됩니다.
매뉴얼이 두꺼워질수록 잃는 것도 생길 거예요. 그러니 지금은
뒤에서 지시하지 말고 앞에서 이끄세요. 나를 도와주러 온 귀인으로
여기고 잘해주세요.
다음 글은 첫 번째 알바생으로 만나서 10년을 함께 일했던 이경현에
관한 글입니다.

낙타의 등처럼 둘이서 가라

사장님 혹시 아르바이트생 필요하지 않으세요?

늘 검은색 페도라를 쓰고 콧수염을 기르는 단골손님이 어느 날 물었다.

영업을 시작한 지 얼마 안되었을 무렵이었다.

아직은 혼자 할 만해요.

몇 달이 지나고 가게의 손님이 조금 더 늘었을 때쯤 페도라 손님이 다시

물었다.

사장님 혼자 일하기에 바빠 보이시는데 사람 필요하지 않으세요?

단골손님을 잃고 싶지 않았던 나는 급하게 사업 원칙을 만들어냈다.

저는 손님하고는 일하지 않습니다.

그 손님은 인근 대학의 한문교육학과 학생이었는데 글래스톤베리에

초대되었던 밴드의 드러머이기도 했다. 여자 친구랑 자주 와서 비싼

맥주를 팔아주는 몇 안 되는 손님이었다. 매너도 좋아서 바에 앉아

있으면 내 마음도 편안했다.

거절을 하고 며칠이 안 돼서 가게에 손님이 확 늘었다. 기쁜 일이었지만

재앙의 모습을 하고 있었다.

초보 사장이었던 나는 도저히 감당이 안 돼서 예전에

받아둔 번호로 페도라 손님에게 전화를 걸었다.

혹시 아직도 일할 생각 있나요?

원칙에 관해서 물으면 원칙을 어길 만큼 같이 일하고

싶은 사람이라고 말할 예정이었다.

네 사장님, 언제부터 출근할까요?

제발 내일부터 나와주세요.

그 친구가 첫 출근했을 때가 생생하게 기억난다. 외투를

벗고 바 안으로 들어왔을 때 내가 말했다.

이 안에 들어오는 순간 이제 손님 아니고 형 동생으로

지내는 거다.

손님으로 오래 봐왔던 터라 처음에 말을 놓지 않으면

일하기가 어색할 것 같아서 준비한 대사였다.

뒤죽박죽이었던 지나온 시간들을 다림질로 평평하게 펼쳐보니, 그 친구가 바 안으로 들어왔던 찰나가 내 인생에 가장 중요한 순간 중 하나였다.

그 친구가 들어오고 나서는 일하는 게 한결 수월했다. 유머는 없었지만 성실하고, 책임감 있고, 사람들한테 깍듯했다. 나이는 열 살 어렸지만 나보다 나은 사람이란 걸 금방 알 수 있었다. 그 친구가 내게 자주 했던 말이 생각난다.

형 먼저 들어가세요. 제가 마무리하고 가겠습니다.

형 오랜만에 친구들 오셨는데 먼저 퇴근하세요. 이 정도는 저 혼자서도 마감할 수 있습니다.

휴일 없이 밤낮으로 일하는 작은 가게 사장에게 이렇게 위무가 되는 말이 있을까?

어떤 회사건 사장처럼 일하는 사람이 한 명만 더 있어도 그 회사는 망하지 않는다. 하지만 슬프게도 그런 직원은 반드시 독립해서 사장이 된다.

세상의 비밀 하나를 알고 있던 나는 함께 일한 지 반 년쯤 됐을 때 프로포즈를 했다. 『대부』의 돈 꼴레오네처럼 거부할 수 없는 제안이어야 했다.

나하고 108번의 성공을 같이하지 않을래?(번뇌의 속박에서 벗어나고 싶었다.)

형 조금 더 고민해 보고 답해도 될까요?

일한 지 정확히 1년째 되던 날 그 친구에게서 장문의 편지를

157

받았다.(편지는 소중하게 보관 중이다.)

'문득 형과의 인연이 참 감사다는 생각을 했어요. 더불어
인생의 단맛이라는 공간과 명륜동. 그리고 사람들과 웃고
떠들며 보낸 시간들에 대해서도요. 지난 1년이라는 시간을
돌이켜보면, 매 하루가 정말 꽉 차 있고 소중해서 찰나의
순간도 놓치기 싫었던 시간이었습니다. 살면서 정말 오랜만에
흘러간 시간에 대해서 충만하고 감사한 마음이 들었어요.
그 1년은 형한테도 굉장히 의미 있는 시간이었겠죠. 그 의미
있는 시공간에 형과 제가 조금이나마 함께했다는 사실에
감개무량합니다.'

그로부터 8년이 지난 지금 13번째의 성공을 함께 준비 중이다.
참고로 그 친구의 별자리는 염소자리인데 나는 이후로 염소자리에
대한 무조건적인 신뢰가 생겼다.
내가 총알받이처럼 가장 앞서 달려 나가는 산양이라면(양자리),
그 친구는 절벽 끝까지 기어 올라가고야 마는 흑염소다.
함께 만든 회사의 이름은 '현현'인데 가까운 사람들은 혹시 덕현이와
경현이어서 현현이냐고 묻는다.
당연히 그 뜻은 아니지만 그냥 씨익 웃고 만다.
인생에 파트너가 생기는 걸 두려워하는 사람이 있다면 말해주고 싶다.
낙타의 등처럼 둘이서 가라. 부자가 천국에 들어가는 것은 낙타가
바늘귀를 통과하기만큼 어렵지만, 낙타는 결코 따로 울지 않는다.●

● 1991년 개봉한 이석기 감독의 영화
『낙타는 따로 울지 않는다』에서 따왔다.

* 이 글은 2021년 작성된 글로, 그 후로 2년을 더 일한
  그 직원은 퇴사를 했다. 더 늦기 전에 독립을 하고 싶다던
  그를 잡을 수는 없었다. 감사패를 전달하다 현현의
  '한 글자'라는 단어에 버튼이 눌러 오열하고 말았다. 그가
  아니라 내가 홀로 서는 기분이었다.

사자 이 경 현

그동안의 헌신과 책임감에
깊은 존경과 감사를 전합니다.
현현의 10년은
당신이 있었기에 가능했습니다.
현현의 한 글자였던 당신,
새롭게 도전하는 일에도
행운과 사랑이
함께하기를 바랍니다.
우리가 연결되어 있음을
잊지 말기를.

2023년 10월 9일

현현 동지 일동

'사자' 닉네임은 영구 결명 처리되었다.

충주호에서 첫 워크숍, 2015년

2호점 만들기

만들기

: 나 아닌 모든 것

충견 댄디와 나

모노드라마에서
이인극으로

어디서 들은 얘긴데요, 연극 배우들이 연기할 때 혼자서 하는
모노드라마보다 둘이 하는 이인극이 더 어렵대요.
자신의 연기만 신경 쓰면 되는 모노드라마와 달리 이인극은 상대
배우와 에너지를 직접적으로 주고받으며 호흡을 맞춰서 그럴
거예요. 가게도 마찬가지인 것 같아요. 경험도 있으니까 두 번째
매장이 더 수월해야 하는데 훨씬 어렵습니다.
만드는 방식도, 운영하는 방법도, 성공의 이유도 첫 번째 가게와는
전혀 다른 곳에 있더라고요.

스포츠로 비유하자면 첫 가게는 내가 좋은 선수가 되는 과정이고 두
번째 가게는 감독이 되어서 팀을 꾸리는 여정이에요.
아직 첫 가게도 개업하지 않은 분들에게 두 번째 가게 이야기를
하는 게 맞을까 고민했지만, 저처럼 처음부터 확장성을 염두에 두고
사업을 시작하는 분들도 계실 것 같아 얘기해보려고 해요.
참고하시면 시행착오를 줄이는 데 도움이 될 거예요.

소자본으로 작게 장사를 시작한 많은 분이 매출이 오르고
안정적으로 운영이 되면 자연스럽게 다음 가게를 생각하시더라고요.

아마 여러모로 부족한 채로 열게 된 첫 가게가 아쉬워서일 거예요.
저는 첫 가게를 개업하고 2년 뒤에 두 번째 가게를 열게 되었어요.
혼자서 1년간 운영했고, 직원들 3명과 함께 1년을 운영했습니다.
대출금은 모두 갚았고 이때부터는 저에게 시간상으로 조금 여유가
생겼어요. 직원들이 정말 일을 잘해서 걱정이 없기도 했습니다.
가게는 연일 만석이었고요.

어느 날 친한 선배에게 연락이 왔는데 대학로 쪽에 한옥이 나왔다는
거예요. 자신이 사용하려고 검토 중인데 같이 보러 가자고 해서
따라갔어요.
대학로 소나무길 먹자골목에서 조금 비켜난 조용한 골목에 자리한
작은 근대식 한옥이었어요. 얼마 전까지 할머니 한 분이 오래 사셨고
깨끗하게 수리된 상태였어요. 가게로 사용하기에는 아쉬운 점이
많았지만 단정하고 조용한 점이 좋았습니다.
저에게 소개해 준 형은 자신에게는 맞지 않는 것 같다며 저보고
여기서 장사해 보면 어떻겠냐고 묻더군요.

권리금은 없었지만 보증금이 1억이나 돼서 저는 도저히 할 수 없는
규모였어요. 게다가 지금은 많은 가게가 생겼지만 당시에는 어둡고
외져서 고등학생들이 숨어서 담배 피우는 으슥한 장소이기도
했습니다. 보신탕집을 하려던 분과 저, 둘이 이곳을 저울질하고
있었는데 누구도 적극적으로 얻으려는 의지는 없었어요. 그만큼

'여기에서 장사가 되겠어?'라는 불안감이 컸던 것 같아요.
가능성은 작지만 혹시나 임대료 조정이 가능할까 싶어서 건물주를
만났는데 대화를 나누다 보니 건물주께서 제 당숙(아버지 사촌
형제) 어른의 울산 H중공업 입사 동기셨어요. 긴 세월 같은 회사에서
일하고 은퇴 시기도 비슷하셔서 저희 당숙을 잘 알고 계셨어요. 저희
아버지도 같은 H중공업에서 오래 일하셨기에 자연스레 공감대가
형성되었습니다. 저보고 너무 기특하다며 (월세를 조정하기는
했지만) 보증금을 반으로 줄여 주셨어요. 뭔가 해보라는 계시인가
싶어 대출을 알아봤더니, 서울신용보증재단에서 소상공인
운영자금으로 5000만 원까지 대출이 가능했습니다.

2년 전에는 제 신용으로 한 푼도 빌릴 수 없었는데 격세지감을
실감했습니다. 부담되는 금액이었지만 저는 용기를 내보기로
결심했어요.

나 아닌 모든 것

첫 번째 가게를 하면서 알고 있었어요. 두 번째 가게를 하게 된다면
지금과는 모든 것이 달라야 한다는 것을.

저의 목표는 하나였어요. 사장 없이도 운영이 잘 되는 가게. 사장이

누군지 관심도 안 가는 가게. (혼신을 담은 접객으로 심신이 지쳐

있었음)

우선 물리적으로 제가 두 공간 모두에서 일을 할 수 없기에 두 번째

가게는 공간적으로 매력 있어야 한다는 생각이 자연스레 들었어요.

첫 번째 가게는 나 자신의 모든 걸 쏟아부었지만 같은 방법으로

두 번은 할 수 없다는 것도 알았어요.

인생의 단맛이 나의 모든 것이라면 두 번째 가게는 나 아닌 모든

것이어야 했어요.

목수였던 접스 아빠지의 가르침을 생각하며 보이지 않는 곳에도 정성을 들였다.

두 번째 가게를 만들 때는 당시에 읽었던 스티브 잡스의 자서전과 처음 가본 바르셀로나의 영향을 많이 받았어요.
'나도 독일주택(두 번째 가게) 가봤는데 도대체 어떤 점이 영향을 받았다는 거야?'
이렇게 생각하실 것 같아 첨언해보면, 자서전을 읽으면서 가장 인상 깊었던 점은 '무언가를 만드는 데 이렇게까지 정성을 들이고 완벽을 기하다니'였어요.

책을 읽기 전 애플 제품은 아이폰을 한 번 써봤는데 당시에는 인터넷 뱅킹 지원이 안 돼서 만족하지 못했어요.
책을 다 읽고 궁금해서 맥북을 구입했는데 정말 놀랐습니다. 사진 일을 해서 컴퓨터는 항상 가장 높은 스펙으로 사용했었는데 맥북은 근원적으로 달랐습니다. 가장 다른 건 예전의 컴퓨터는 작업이 필요할 때만 켜서 사용했는데, 맥북은 계속 펼쳐서 뭔가를 하고 싶다는 점이었어요. 저한테는 아주 큰 차이였어요.

인생의 단맛을 열 때는 '이가 없으면 잇몸으로'라는 정신으로 공간을 만들었다면, 두 번째 가게는 머리 속에 완성된 모습을 그리고 원하는 결과를 얻기 위해서 최선을 다했습니다.
테이블을 만들 때는 한옥에 어울리는 디자인의 원형을 찾아서 도서관과 종로 노포들을 찾아다녔고, 인테리어 재료들을 선택할 때는 꼭 현장에 가져가서 낮과 밤을 비교해본 후 결정했어요.

작업을 진행하다가 제가 그렸던 모습과 달라지면 공사를 멈추고
해결될 때까지 고민했습니다.
인테리어에 대해서 아무것도 모르는 제가 할 수 있는 최선의
방법이었어요.

바르셀로나에서 영향을 받은 건 고유성이에요. 그곳의 가게들은 왜
한국의 가게들보다 고유해 보일까 고민해 봤는데, (타지라서 낯선
점도 있겠지만) 대부분의 가게들이 아주 오래된 건물에 자리하고
있기 때문인 것 같았어요. 지어진 지 몇백 년 된 건물은 풍기는
아우라가 달랐거든요. 그런 곳에서 영업하고 있는 가게들을
볼 때마다 저런 게 'old and new'구나 생각했어요.
한국의 매장은 대부분 현대식 건물에 반듯한 사각형의 모습으로
존재하잖아요. 그래서 오래된 한옥을 발견했을 때 욕심이 났던 것
같아요.

이곳을 몇 번 방문하자 조용히 사람들이 한옥에서 술을 마시는
모습이 떠올랐어요. 상호를 '독일주택独一酒擇(홀로 한 잔의
술을 마시네)'으로 정했습니다. 전통적인 한옥 인테리어에서
벗어나려 바닥에는 스페인 타일을 깔고 좌식 대신 입식으로 공간을
꾸몄습니다. 한 잔의 술이 콘셉트였기에 단가가 좀 높더라도 맛있는
맥주로 큐레이션했어요. 크래프트 맥주 열풍이 막 불기 시작했던
때인데 유행 카테고리 안으로 들어가는 게 싫어서 칵테일과 와인

등 다른 주류도 추가했습니다. 결과적으로 보면 잘한 선택이었던 것 같아요. 당시에 저희가 레퍼런스로 삼았던 크래프트 맥주 펍들은 거의 다 사라졌거든요. 이미 아시겠지만 단지 유행하기 때문에 어떤 아이템을 선택하는 일은 말리고 싶어요.

바르셀로나 여행의 영향으로 스페인 타일을 깔았다.

2호점 만들기: 나 아닌 모든 것

공간의 생명력

독일주택은 크래프트 맥주 열풍과 '혼술'이라는 트렌드가 생기면서
큰 덕을 보았습니다.

전혀 예상하지 못했고 의도한 것도 아니었어요. 그때 제 관심사는
완성도 높은 공간을 만들어보고 싶다는 순수한 욕망과 혼자서도
즐길 수 있는 카페 & 바를 만드는 거였어요. 당시에 그런 공간은
드물었기에 여러 매체에 소개됐던 것 같아요.

그러고 보면 정말 좋은 건 늘 의도 밖에서 찾아왔어요.

공간에 생명력이 있다는 것도 이때 처음 느꼈어요. 저의 목표는 하루 80만 원(당시 인생의 단맛 최고 매출)이었는데 몇 달 뒤에 매출이 100만 원을 넘더니 어느새 200, 300만 원을 훌쩍 넘어버렸어요. 생각해 보지 못한 숫자였고 공간도 제 손을 떠나 전혀 다른 모습으로 변해가고 있었습니다.

당혹스러웠던 점도 있었어요. 모든 계획은 인생의 단맛 매출이 그대로일 거라는 가정에서 시작됐는데 매출이 거짓말처럼 반토막이 난 거예요. 단골손님들이 두 번째 가게로 옮겨와서 그런 게 아니었어요. 오히려 두 번째 가게가 첫 번째 가게랑 너무 달라서 그런지 실망하시는 모습이 역력했어요. 제 생각 이상으로 저의 역할이 컸던 거예요. 다시 예전 매출을 회복하는 데 1년이 걸렸어요. 그건 당시 매니저 덕분입니다.

가게라는 것은 만들 때까지만 나의 몫이 있고 이후에는 손님들의 공간이라는 생각이 들었습니다.

이때부터 자연스레 매장과 적당한 거리감을 두게 되었습니다.

첫 번째 가게와
두 번째 가게 비교

상호	인생의 단맛	독일주택
개업일	2012년 6월	2014년 8월
면적	14평	14.8평
보증금	1000만 원	5000만 원
공사비	700만 원	5000만 원
공사 기간	60일	90일
공사 방법	직영 공사	직영 공사
분위기	재밌고 개성있고 편안함	한옥의 고즈넉함, old & new
영업 방식	박리다매	단가가 높은 메뉴 구성
운영	사장의 1인 운영 체제	매뉴얼과 시스템 필요, 직원 채용 및 교육이 중요
손님층	인근 지역 대학생과 단골 위주	핫플 유형의 가게 (개업 초기)
성공 포인트	사장의 역할이 90%	매장의 경쟁력 (상품, 인테리어 등), 직원의 접객
비고		투자 금액은 6배 늘었지만 매출은 7배 정도 늘었다.

님아, (동지 없이)
그 강을 건너지 마오

시간이란 모든 일이 동시에 일어나지 않도록 해주는 것이다.
———— 존 휠러

공간은 모든 일이 나에게 일어나지 않도록 해주는 것이다.
———— 소상공인

인터넷에 장사와 사업의 차이를 검색해 보면 많은 내용이 나올
거예요. 모두 절로 고개가 끄덕여지는 말이더라고요.
저는 나 아닌 누군가가 제가 없는 매장(공간)을 저처럼(그
이상으로) 책임지고 있을 때 '내가 사업을 하고 있구나' 하고
느꼈어요.
보통 직원이 사장처럼 일하기는 쉽지 않습니다. 그걸 바라서도
안 되고요. 저는 때로는 적게 때로는 많이 뜻을 같이하는 동지들이
있었어요. 같은 뜻을 품고 한 방향을 바라보는 사람들, 그들과 함께
회사의 일을 1/n로 나눠서 했습니다.

그러면 어떻게 하면 동지를 얻을 수 있느냐? 한 방향을 보려면
어떻게 해야 하느냐?
물어보실 텐데, 그건 저도 잘 모르겠어요.

사업을 하며 너무 답답해서 평소에 안 읽던 경영서와 자기계발서를
정말 많이 읽은 것 같아요. 책 속에서 되레 길을 잃은 적도 많고요.
원래 MBTI가 ENFP였는데 이 무렵에는 INTJ로 변하더라고요.
살면서 제가 자연스럽게 체득한 방식이 더 이상 통하지 않았고 모든
걸 새롭게 배워야 했습니다.

외줄을 타는 사람 보신 적 있으세요?
오른쪽, 왼쪽 휘청거리며 한 발씩 앞으로 나아가잖아요.
제 모습이에요.

공간에 생명력이 있다고 했잖아요. 조직도 마찬가지예요.
구성원의 욕망도 계속 변하고 세상도 쉼 없이 변하고 있습니다.
어떤 시절에는 제가 잘해서 회사가 잘된다고 느끼던 때도 있었는데
코로나를 겪으며 뼈저리게 깨달았어요.
저는 그저 가랑잎이고 바람이 없으면 아무것도 아니라는 사실을.

calm calm 반려견 동지들과 동강을 건너는 중

그래서 2호점을 내라는 얘기냐 내지 말라는 얘기냐?

어느 경영 전문가가 한 말인데요, 대부분 사업가들이 언제까지

사업을 키우는지 아세요?

감당이 안 돼서 터질 때까지 키운대요. 하하하.

하나의 가게를 갈고 닦으며 확장해 나가는 방법도 있고요, 동일

브랜드를 직영점으로 계속 늘리는 경우도 있고, 프랜차이즈를

만들 수도 있어요. 아니면 저희처럼 계속 새로운 매장을 내는 길도

있고요. 어떤 길이 나은지는 저도 잘 모르겠어요.

성공하는 방법이 다양한 건 알았는데 이제는 성공이 뭔가라는

생각을 자주 해요.

갑자기 글이 넋두리가 됐네요.

두 번째 가게를 내고 싶을 때는 다시 이 책의 처음으로 돌아가서

점검해 보세요.

나는 왜 가게를 늘리려고 하는가?

사업을 확장하며
했던 고민들

○ 왜 선의에서 항상 문제가 발생하는가?

○ 사업은 인간성에 반하는가?

○ 사람들을 시험에 들게 하지 말자. (선인도 악인도 없다)

○ 미움받을 용기가 있는가?

○ 참과 참이 부딪히는 게 비극

○ 사업이 커지면서 잃는 것들

○ 더 이상 쓸 카드가 없다. (요거 안 먹히네)

에너지
관리

: 마음의 포렌식

만약에 제가 검찰에 불려가서 휴대폰 대신 마음을 포렌식 당한다면 '에너지'라는 단어 하나만 나올 거예요. 당황한 검사는 이럴 수는 없다며 재소환하겠죠. 저희 회사를 압수수색하고, 주변 사람을 심문하고, 책장과 일기장을 뒤져도 반복적으로 등장하는 그 단어에 질려버리고 말 거예요. 그리고는 저를 풀어주며 '독사 같은 놈, 집요하다 집요해'하며 혀를 차겠죠.

사업을 하는 동안 가장 많이 한 생각도, 노력도, 말도 '에너지'입니다. 대단한 능력이나 비전은 없었지만 제 에너지를 좋게 유지하는 일에는 최선을 다했고 잘해왔다고 생각해요. 사업을 하며 어렵고 힘든 적도 많았지만 에너지를 떨어트린 날은 손에 꼽을 정도로 드물었던 것 같아요. 늘 손님보다 직원들보다 높은 에너지를 유지하려고 했어요. 에너지를 뺏는 사람이 아니라 주는 사람이 되려고 했습니다.

코로나 때는 무력하게 있을 수만은 없어서 사무실을 없애고 그 공간에 헌술방이라는 가게를 연 적도 있어요. 경제적 이유가 아니라 순전히 팀원들의 에너지를 끌어올리기 위해서 만든 매장입니다. 가게 콘셉트가 시간을 팔고 이야기가 있는 와인 보틀숍이었는데, 직원들과 매일 모여 글을 쓰고, 헌책방을 뒤지며 잡지사 에디터처럼 일했어요. 당시에 일으킨 매출이 코로나를 극복하는 데 별 도움은 안됐지만, 내부 구성원의 에너지를 모으는 데는 큰 힘이 됐어요. 전에는 없던 직책도 생기고 서로가 몰랐던 재능도 발견하고 즐거운 시간이었어요.

제가 이 책을 통해서 하는 말은 '좋은 에너지를 가지고 일하자'는 말을 길게 풀어 쓴 것에 불과해요. 이 책의 제목이기도 한 '참상인'이라는 단어도 좋은 에너지를 갖고 일하는 습관을 만들려고 스스로 부여한 정체성이에요. 이를테면 부캐.

제가 생각하는 참상인은 명랑하고 같이 일하면 즐겁고 타인에게 좋은 에너지를 나눠주는 사람이거든요. 그래서 어떤 선택이나 행동을 할 때 '참상인이라면 어떻게 할까?'라며 질문하는 게 습관이 됐어요. 주변 사람들에게도 본캐인 나보다 부캐인 제가 낫다고 얘기해요. 저는 도덕적이거나 선한 사람은 아니지만 상도덕이 있고 직업 윤리가 있는 사람이에요.

돌발 질문.
지금 내 마음을 포렌식한다면 무엇이 나올 것인가?

왜 그렇게 에너지에 집중하게 됐냐면 그게 이 일의 전부라고 봤기 때문이에요.

회사의 기세를 떨어트리지 않기 위해 만든 헌술방. 돈을 거의 들이지 않았다.

장사가 뭘까요? 사업이 뭘까요?

결국 사람의 마음을 얻는 일입니다.

사람들은(손님, 직원) 어떤 사람과 함께하고 싶을까요?

좋은 에너지를 가진 사람입니다.

또 다른 질문.

내일 당장 한 사람하고만 동업해야 한다면 누구랑 할 것이며 이유는 무엇인가요?

예전 동료들은 일할 때의 나를 어떻게 평가하고 있을까요?

나는 에너지를 빼앗는 사람일까요, 주는 사람일까요?

저는 가진 게 없었기에 제가 좋은 에너지를 가지고 있지 않으면 손님이 (다시) 오지 않을 거라고 생각했어요. 좋은 사람들과 일할 수 없을 거라고 생각했어요.

제 에너지가 떨어지면 가게의 매출이 떨어질 거라고 생각했어요. 제가 부정적인 말을 하면 그렇게 될 거라고 믿었어요. 누가 보면 심하다고 생각하겠지만 제 감정이 기도라고 생각했어요.

제가 관여할 수 없는 경기나, 물가, 부정적인 뉴스에 관해서는 관심을 끄고 제가 컨트롤할 수 있는 제 에너지에만 집중했습니다.

이 일을 하면서 느끼는 건 자기 사업을 하는 사장님조차 자신의 에너지를 좋게 유지하는 일은 어렵다는 거예요. 창업 초기에는 고립되어 있기도 하고 주변에서 에너지를 빼앗아 가는 일이 많이 생깁니다. 다음은 그동안 제가 에너지를 높이거나 좋게 하기 위해서 했던 방법들입니다.

부정적인 말 하지 않기

가장 오래된 습관인데요, 간단하지만 효과는 확실해요. 밀가루 음식을 끊는다거나 스마트폰을 보지 않는 것보다 낮은 난이도에요. 부정적인 생각이 떠오르는 것은 막을 수 없지만 입 밖으로 내뱉지 않는 건 누구나 할 수 있습니다.

저는 하다 보니까 중독되어서 어떤 상황에서도 부정적인 말을 하지 않는 놀이에 빠져 있어요. 날씨가 안 좋다, 경기가 안 좋다, 요새 다들 어렵죠 등등 상투적으로 하는 말도 하지 않습니다.

제가 멘탈이 강해서가 아니라 겁이 많아서 그래요. 정말 그렇게 될까 봐.

습관이 되면 부정적인 생각이 눈에 띄게 줄어들어요.

평소 쓰는 언어가 얼마나 내 생각과 삶에 영향을 끼치는지 느껴 보시길 바랍니다.

걸음아 날 살려라

저는 불안감이 몰려오거나 머리가 복잡할 때, 고민이 있거나 새로운 아이디어가 필요할 때는 걸어요. 발바닥으로 문제를 해결하겠다는 생각으로 이어폰 없이 오래 걷습니다.

눕거나 앉아서 하는 생각이 부표하다가 가라앉는 관념의

야적이라면, 걸으면서 하는 생각은 지향과 속도가 있어 에너지가

생기고 실체가 생겨요. 마치 바둑의 복기처럼, 영화의 부감 촬영처럼,

걷기 전에는 보이지 않던 것들이 보이더라고요.

주관과 객관을 지나 간주관까지. 산책과 직관. 책 제목으로도

좋네요.

모닝 루틴

새벽 4시에 일어나서 3시간 정도 저만의 시간을 가지고 있어요.

아무에게도 방해받지 않는 이 시간이 너무 소중해요. 좋아하는 차를

마시며 명상, 글(일기)쓰기, 독서, 산책, 운동 순으로 합니다.

수영 했수영?

시인 김수영과 아침 수영을 좋아하는 가상의 수영 클럽 이름이에요.

모든 운동이 다 좋겠지만 아침 수영은 특별한 것 같아요. 일단 물에

들어갈 때마다 정신이 번쩍 들고, 운동량이 높고, 운동을 끝냈을

때의 만족감이 다른

운동과는 달라요.

머리가 상쾌해요.

잡스러운 생각이 물에

모두 씻겨 나가는 것

같아요. 저는 물에서 하는

수영 가방으로 이용했다. 알라딘에서 무료 제공.

183

명상이라고 생각해요. 난이도는 높지만 매일 아침 수영을 하면서
무기력해지기는 불가능에 가깝다고 생각해요.

명상

어느날 저에게 좋은 영향을 준 대부분의 사람이 명상을 한다는 걸
알게 됐어요. 잠에서 깨어난 후나 잠들기 전에 5분이라도 명상을
하는 습관을 갖는다면 에너지가 몰라보게 좋아질 거예요. 입문서로
『비추는 마음 비추인 마음』을 추천합니다.

일기 쓰기

명상을 마치고 나면 책상에 앉아 필터링 없이 의식의 흐름대로
일기를 씁니다. 어제의 일을 되돌아보고 오늘 할 일을 점검해요.
꿈을 꿨으면 그 내용도 기록해요.
여유가 있으면 같은 날짜의 다른 연도의 일기를 봅니다. 그때의
고민들은 이미 다 사라져 있음을 볼 때마다 묘한 위로가 됩니다.
지금 하고 있는 일의 생각의 단초를 발견하는 것도 소소한 즐거움.

오디오북

혼자 운전하거나 대중교통으로 이동할 때 오디오 북을 들어요. 주로
동기 부여가 되는 경영서나 자기계발서예요.
이게 습관이 되면 웬만해서는 에너지가 떨어지지 않는 것 같아요.
저도 이런 유의 책을 좋아하지 않았는데 지금은 큰 도움을 받고

있어요. 재미있고 유익한 책들이 정말 많습니다. 건너기 힘든 건 제목뿐…. 나에게 좋은 에너지를 나눠주는 주변 사람이 없다면 추천합니다.

금강경

침대 머리맡에 늘 두는 책이에요. 머리를 식히는 데 큰 도움이 됩니다. 법륜 스님의 책이 쉽게 해석되어 있어서 좋더라고요.

단식

3일 단식을 일 년에 2번 정도 하고 있고 하루 단식은 수시로 하고 있습니다. 먹는 걸 제어할 수 있다는 감각이 자신감을 갖게 해요. 혀가 긍정적으로 변하는 건 덤.

calm calm 산악회

결혼 전까지는 댄디랑 일주일에 한 번 경기도 변두리 산에서 백패킹을 했어요. 퇴근하고 산에 올라서 하룻밤을 보내고 새벽 일찍 내려와서 바로 출근하는 거예요.
저의 유일한 취미인데 왜 그렇게 좋아할까 생각해 보면 중독인 것 같아요. 공포에 대한 중독. 칠흑 같은 어둠 속에서 우주의 기본음을 듣다 보면 모든 근심 걱정이 사라져요.
공포가 근심 걱정을 모조리 잠재우거든요. 낮의 산이 기분 좋은 이완제라면 밤의 산은 강력한 각성제인 셈이에요.

185

이 의식에 한 명만 추가돼도 산은 전혀 다른 공간이 돼요.

어둠과 적막은 매우 독창적이고 유효 범위가 넓은 무대 장치로

변해요. 울음터, 토론장, 상담소, 힙한 술집까지. 오랜 시간 미지근한

정으로 지내오던 관계도 하루만 산에서 함께 보내고 오면 변해요.

대화의 밀도가 다르기 때문인 것 같아요.

성공은 불편한 곳에

하기 싫은 일을 할 때마다 스스로에게 질문해요.

성공은 어디에 있다?

불편한 곳에! 이렇게 대답하고 후다닥 해치웁니다.

그러면 은근히 재미도 있고 시간도 단축됩니다.

가까운 사람한테도 뜬금없이 물어보는데 어이없어 하는 반응을

보는 재미가 쏠쏠해요.

직원한테는 금지!

랑데부 포인트

원하는 목적지(목표)에 도달할 때마다 스스로에게 선물해요.

맥북부터 경량 텐트까지 다양한 선물을 받았어요.

몇 년째 기다리는 건 팀원들과의 해외 워크숍.

마일리지

개업할 때 만든 마일리지 카드가 있어요. 여태껏 한 번도 사용하지

않아서 어마어마한 마일리지가 쌓여있어요. 퍼스트 클래스를 타면
누구처럼 라면은 주문하지 않을 거예요. 짜계치…

리추얼 음악

출근 송, 오픈 송, 만석 송 등을 정했어요.
인생의 단맛 시절에는 만석이 되면 마로니에의 「칵테일 사랑」을
틀었습니다.
아래는 김수철의 「젊은 그대」 가사인데 적자생존(적자여도
생존)의 거치른 벌판에 호올로 서있는 자영업자분들께 출근
송으로 추천합니다. 전주 부분의 신디사이저 소리만 들어도 기분이
좋아져요.

거치른 벌판으로 달려가자

젊음의 태양을 마시자

보석보다 찬란한

무지개가 살고 있는 저 언덕 너머

내일의 희망이 우리를 부른다

젊은 그대 잠깨어 오라

젊은 그대 잠깨어 오라

아아 사랑스런 젊은 그대

아아 태양같은 젊은 그대

미지의 신세계로 달려가자

젊음의 희망을 마시자

영혼의 불꽃같은

숨결이 살고 있는 아름다운

강산의 꿈들이 우리를 부른다

젊은 그대 잠깨어 오라

젊은 그대 잠깨어 오라

아아 사랑스런 젊은 그대

아아 태양같은 젊은 그대

젊은~ 그대

*젊은 아내로 개사해서 부르면 아내가 좋아함.

몸과 영혼의 에너지 발전소

샤라웃shout out 『몸과 영혼의 에너지 발전소』. 혼자서 모든 걸
다 해야 하는 소상공인의 바이블.

자영업자를 위한 단 한 권의 책을 추천하라면 자신 있게 이 책을
권해요. 회사의 필독서이자 주변 사람들에게 정말 많이 선물한
책이기도 합니다.

당신과 당신 조직의 에너지를 위해 이 책의 일독을 권합니다.

시간을 관리하는 삶에서 에너지를 관리하는 삶으로.

비전 선언문

어떤 책에서 읽고 작성해 봤는데 지치거나 방향을 잃을 때마다
꺼내서 읽어요. 아래는 제가 쓴 비전 선언문 내용입니다.

> 나는 내가 사랑하는 것들을 지키고 만끽하기 위해서,
> 이 생에서 경험하고 배우고 성장하기 위해서 건강할 것이다.
> 몸에 좋은 음식을 알맞게 섭취하며 주 3회 이상 운동을
> 할 것이다. 그 무엇보다 아내와의 관계를 최우선으로
> 생각하며 행동할 것이다. 나는 나의 시간을 낭비하지 않고
> 집중하고 몰입해서 동료들과 함께 좋은 회사를 만들 것이다.
> 세상에 필요한 서비스를 만들어서 사람들을 돕고 회사도
> 성장할 것이다.
> 끊임없이 공부하고 모색해서 새로운 길을 찾을 것이다.
> 그 과정 속에 나와 구성원들의 즐거움을 최우선으로
> 할 것이다.
> 세상에 없던 방식으로 세상에 없던 회사를 만들 것이다.
> 우리가 사회를 통해 얻은 것들을 사회에 나눌 것이다.
> 우리는 모두 연결되어 있는 존재임을 잊지 않을 것이다.
> 나에게 주어진 에너지를 알차게 사용해서 후회 없이 떠나고
> 싶다.
> 죽는 날까지 더 많은 사람들을 사랑하고 싶다.
> 나의 묘비에는 이렇게 쓰일 것이다.
> '모두에게 고맙다는 말을 전하고 싶습니다.'

에너지 관리: 마음의 포렌식

일과
사랑

2010년 3월 10일 논골아파트에서

홀겹의 깨달음

- 수천 년 동안 어두웠던 동굴이 있다고 생각해 보세요. 어느 날 우연히
한 사람이 그곳을 발견하고 어두워서 랜턴을 켜면 어떻게 될까요?

- 어떻게 되나요?

- 환해지겠죠. 단숨에.

- 아….

- 그런 거예요. 깨달음이란 게.

- 감독님, 저 지금 약간 소름 돋았어요.

- 사람들은 공부나 훈련을 통해서 깨달을 수 있다고 믿는데 그건 말도
안 되는 소리죠.

193

- 그렇군요. 감독님은 어떻게 깨닫게 되셨나요?

- 아파트 베란다

- 무슨 말이죠?

- 2010년 3월 10일에 눈이 왔어요. 베란다에서 빨래를 널면서 바깥
  풍경을 보다가 깨달음이 온 거예요. 저기 걸려있는 사진이 그날 제가
  찍은 사진입니다.

- 깨달음은 오는 거군요, 가는 게 아니라?

- 우리가 깨달음 쪽으로 가려고 할수록 깨달음은 영영 멀어지는
  겁니다.

- 그 순간 무엇을 깨달으신 건가요?

- 깨달으면 안 된다는 깨달음이요.

- 아…. 뭔가 알 것 같으면서도 어렵네요. 조금 더 설명 부탁드려도
  될까요.

 - 그때는 제 삶이 잠시 평온한 시절이었어요. 준비하던 영화도

엎어지고 모아둔 돈도 다 쓰고, 강남의 반지하 방들을 전전하다 성남 남한산성 근처에 오래되고 작은 변두리 아파트로 이사를 했어요. 외지고 높은 곳이었지만 월세도 싸고 전망이 좋았어요. 왜 군주 뷰라고 하죠. 높은 곳에서 내려다볼 수 있는. 경치가 되게 좋았어요. 방 하나에 거실 하나뿐인 작은 곳에 동생이랑 둘이 살았는데 집이 너무 마음에 들었어요. 쥐도 없고 곰팡이도 없고. 비가 안 새는 집은 그곳이 처음이었어요. 그래서 일이 있을 때만 서울에 나가고, 없는 날은 근처 검단산에 올랐어요. 산이 높지는 않은데 넓어서 산을 오를 때마다 같은 등산로를 걸은 적이 없어요. 매일 다른 길을 몇 시간씩 걸을 수 있다는 게 좋더라고요. 요리도 많이 하고 집안일도 공들여서 했어요. 살림에 반질반질 윤이 났다고나 할까. 집이 마음에 드니까 살림이 얼마나 재밌던지. 그리고 불교대학에 다녔어요. 매일 108배를 하고 불경을 읽었어요. 그렇게 꾸준히 공부하고, 건강한 음식을 먹고, 화초를 가꾸고, 자연을 가까이하고 사니까 삶이 잔잔했어요. 더 이상 미운 사람도 없고 스트레스 받는 일도 없고. 불교에서 말하는 깨달음이 고통이 없는 상태잖아요. 그 비슷한 수준에 있었던 것 같아요. 그렇게 평화로운 시간을 3년 정도 보내다가 문득 그 아름다운 풍경을 보면서 내가 이러려고 태어났나 하는 생각이 드는 거예요.

- 무슨 말이죠?

- 고작 스트레스 안 받고 별문제 없이 안정적으로 살려고 이렇게 태어났나 하는 회의감이 들더라고요. 왜 천국에 있는 사람들한테

일과 사랑

어떠냐고 물으면 '좋긴 한데'라고 말한다잖아요.

남은 시간을 이렇게 보낼 수 없다는 어떤 절박함을 느꼈습니다.

아참, 참고로 시간은 존재하지 않습니다. 에너지라고 비유하는 게

낫겠네요. 여튼 고통과 문제를 피해 다니며 살 게 아니라 그 속으로

더 깊숙이 들어가 봐야겠다. 희로애락을 충실하게 느끼면서

내 배터리를 다 쓰고 죽어야겠다. 내 영혼은 생생한 체험을

원하는구나 그런 생각을 했습니다.

- 그래서 결론이 어떻게 됐나요?

- 결론을 내리고 싶어 하는 태도야말로 궁극의 어리석음입니다.

- 아…. 알겠습니다. 깨닫고 나서 처음 만든 작품이 '반성 없는 삶'인

  거죠?

- 맞습니다. 앞으로 더 이상 자문자답하면서 살지 않겠다는, 제게는

  어떤 선언 같은 작품입니다.

- 많은 관객들이 감독님 영화를 보고 나서 이유 모를 화가 인다는 평이

  많은데요. 혹시 그것도 의도하신 건가요?

- 아니요. 저는 그 무엇도 의도하지 않았습니다. 제 영화에 음악도 없고

  대사가 거의 나오지 않는 이유이기도 합니다. 제 영화가 문학 같은

이야기이길 원치 않아요. 프리재즈 같은 체험이길 바랍니다. 다만 장자의 말처럼 삶이 꿈이라면 얼른 깨야겠다, 빨리 깨려면 평범한 꿈보다는 악몽이 낫겠다 뭐 그런 생각은 합니다.

- 끝으로 독자들에게 한 말씀 해주시죠.

- 한 번 데쳐진 채소처럼 순한 독자로 살지 말고 법정에 선 진술자처럼 살아야 합니다. 우주에 무엇을 진술할지 지금 고민해 보세요.

마지막은 일에 관해서 얘기해 보고 싶어요.

앞의 글은 제가 장사를 시작하게 된 계기를 픽션을 섞어서 예전에 쓴 글이에요.

책을 갈무리하며 왜 내가 이 일을 시작했는지 떠올려봅니다.

그래 나는 일을 하고 싶었지. 적당히 할 수 있는 어떤 일을 찾은 게 아니라 내 에너지를 전부 쏟을 수 있는 일. 어렵고 힘들어도 몰입할 수 있고 그 일을 통해 배우고 성장할 수 있는 일.

내 마음을 다 줘도 아깝지 않은 일. 세상과 연결될 수 있는 일.

워라밸을 지킬 수 있는 일이 아니라 삶과 포개질 수 있는 일.

과정 자체가 목적이 될 수 있는 그런 일을.

일에 관해 기억나는 세 가지 일화가 있어요.

1.

인생의 단맛 단골손님 중에 저랑 동갑인 분이 계셨는데 대기업을 다니다가 퇴사하고 재취업을 하려고 했는데 잘 안 됐어요. 2년 가까이 쉬다가 아버지 소개로 중소기업으로 출근하는 첫날, 아침을 먹는데 너무 우울했대요. 그걸 보시던 은퇴한 아버지가 할 일이 있다는 게 얼마나 감사한 일이냐고 말하셨다는 거예요. 그분은 퇴근하고 저희 가게에 와서 그날 있었던 에피소드를 가볍게 얘기한 거였는데 저는 이 말을 듣고 먹먹했어요.

2.

마광수 교수님의 에세이에서 보았던 에피소드. 1951년생인 그는 전쟁 중에 태어나서 아버지 없이 홀어머니 밑에서 자랐대요. 당시에 여성이 가질 수 있는 직업이랄 게 없어서 온갖 고생을 하며 키운 아들이 다행히 27세라는 최연소 나이에 연세대 국문과 교수로 발탁됩니다. 그리고 어머니는 일을 손에서 놓을 수 있었는데 얼마 못 사시고 돌아가셨대요. 돌아가시기 전에 어머니가 그러셨대요. "그래도 너 키우려고 이것저것 닥치는 대로 일하던 때가 사는 것 같았어 야."

3.

제가 금속 공사를 할 때마다 연락하는 광산철강이라는 곳이 있어요. 사장님이 충청도 분이신데 연세도 있으신 편이고 혼자서 일하세요. 하루는 의뢰할 일이 있어서 연락했는데 일이 많으셔서 만나는 데까지 시간이 꽤 걸렸어요. 뵙게 되었을 때 제가 인사말로 "사장님 요즘 바쁘셔서 좋으시겠어요?"라고 했거든요. 저는 사장님이 으레 "아이고 덕분에 먹고 삽니다." 이 정도로 대답하실 줄 알았는데 "죽어야 끝나유." 이렇게 답하시는 거예요. 예상치 못한 충청도식 화법이 재밌어서 한참 웃었는데 종종 이 말이 생각나요.

일과 사랑

말도 안 되지만 저는 손님의 아버지와 마광수 교수님 어머니의
심정이 이해됐어요. 내게 할 일이 있고 집중할 수 있는 일이
있다는 게 얼마나 좋고 감사한 일인지. 그리고 광산철강 사장님이
부러웠습니다. 저 분은 본인이 원할 때까지 일하실 수 있겠구나.

인테리어 일을 하다 보면 나이 많은 작업자 분들을 자주 보게 되는데
그분들에게는 특유의 콧대 높음과 단단함이 있어요. 세상에 나의
'쓸모'가 필요하다는 걸 아는 사람만이 가질 수 있는 어떤 자부심.
자연스레 비슷한 연배인 아버지가 생각나더라고요. 저희 아버지도
비교적 오래 일하신 편인데 지금은 은퇴하시고 쉬고 계세요. 이제
쉬게 되어서 좋아하실 줄 알았는데 아니었어요. 70대인 그에게서
남아도는 에너지와 갈망을 봅니다.
아버지가 종종 농담처럼 "너희 회사에 내가 소일거리 삼아 할 일은
없니?"라고 물으시는데 '소일거리'라는 말이 마음에 남아요.

아버지를 위해서 철물점 브랜드를 만들어볼까 하고 진지하게
생각해 봤어요. 아주 클래식한 카페를 만들어서 실버 세대 분들도
채용해 보면 어떨까라고도 생각해 봅니다. 유럽 같은 곳엘 가보면
흔하게 볼 수 있잖아요. 머리가 희끗희끗하고 나이가 지긋하신
분들의 근사한 접객. 선의로 채용하는 게 아니라 매장 경험에
긍정적인 영향을 끼칠 거라고 생각해요. 이미 지어놓은 상호와
콘셉트도 있으니 관심 있는 분 연락해 주세요!

기본적으로 사람들이 먹는 것을 판매하는 외식업에서 나이가 많은
것에는 장점이 많다고 생각합니다.

일과 사랑

인간에게 일이라는 건 뭘까요? 밥벌이로서의 일도 숭고하지만 일은
인간에게 그 이상의 의미를 지니고 있다고 생각합니다.
저는 인생이 크게 '일과 사랑'으로 나뉘어 있다고 생각해요. 써놓고
보니 『사랑과 야망』이라는 오래전 드라마가 생각나네요.
굳이 설명하자면 일은 자신이고 사랑은 타인.
그 둘 사이의 엮임과 어우러짐이 '생의 무늬' 같은 게 아닐까요.
장사도 마찬가지예요. 나와 세상(타인) 사이의 교집합을 찾는 일.
그러니 인생에 있어서 일은 최소한으로 잡아도 50% 이상의 지분을
가지고 있죠.
제 주변을 봐도 대체로 즐겁고 건강하게 사는 사람들은 자신이
원하는 일을 하며 그 일에 만족하는 사람이에요.

오래전에 사진 일을 하려고 포트폴리오를 만들어서 평소 흠모하던
사진가를 찾아간 적이 있어요.

그분은 제 사진을 대충 보시더니 물으셨어요.

　"사진이 뭐라고 생각합니까?"

　"서비스업이요. 제가 찍은 사진으로 다른 사람들을 기쁘게
　하니까요."

훗날 들으니 서비스업이라는 말이 재밌어서 저를 뽑으셨다고
하더라고요. 이상한 소리 하면 떨어트리려고 했다고.

그러고 보면 지금 하고 있는 이 일이 제 소명이라는 생각이 들어요.
주역에서는 인간에게 구원이란 자신의 명을 아는 것이라고
하잖아요. 그걸 알아서 하늘을 즐기는 상태가 낙천樂天이고요.
서비스업이라는 이 일이 저를 구원했어요. 장사를 시작하고 나서야
긴 방황을 멈출 수 있었습니다. 불안함이 잦아들고 더 이상 어떤
일을 할지 고민하지 않게 되었어요.
삶이 미묘하게 저를 이끌던 시기를 지나 지금은 저를 운전하고
있다고 느낍니다.

작은 성취

진실한 모습은 마치 원목과 같아서 변형된다.
———— 참상인

저는 장사를 하면서 사람에게 그 어떤 것보다 '작은 성취'가
필요하다고 생각하게 됐어요.
일을 통해서 세상으로부터 긍정적인 피드백을 받고 그걸 통해서
작은 성취감을 느꼈을 때, 그때의 인간은 전혀 다른 사람으로 바뀌어
있다고 생각합니다. 오늘보다 내일이 더 나을 수 있다는 기대감이
생기면 사람은 변할 수밖에 없다고 생각해요.
긴 시간 동안 열패감으로 살던 제가 살짝 잘난 척하며 이런 글을
쓰고 있다는 사실이 놀라워요.
저는 성공한 사람도 아니고 거상巨商도 아니에요. 양심상
소상공인이라고 칭할 수는 없고 중상공인 정도 되는 것 같아요.
특별한 성공 노하우 같은 걸 알려 드릴 순 없지만 '작은 성취'를 얻는
방법에 대해서는 얘기하고 싶었어요.
당시의 저처럼 막막하고 불안한 소자본 창업자들에게 작은
도움이라도 될 수 있기를 바라며 이 책을 썼습니다.
저의 경험이 너무 낡지 않은 채로 당신에게 닿기를.
제가 했던 말의 바깥에 서서 당신만의 작은 우주를 만드시기를.

일과 사랑

2005년, 포트폴리오 속에서도 방황하고 있는 나

205

에필로그

구불구불 지나온 상인의 궤적을 봅니다.

멍든 딸기 같은 그 시간들이 소중합니다.

장사는 제게 아름다운 연옥이었다가, 욕망의 암실이었다가, 행복의 인출기이기도 했습니다.

매일 가게를 열기 전 혼자서 했던 말이 있어요.

작은 일을 제대로 해내면 언젠가 큰 일을 할 기회가 주어질 거라고 생각하며 주문처럼 되뇌었던 말인데요.

이 문장만큼은 휴먼 고딕체로 쓰고 싶네요.

'오늘도 성심으로 🙏'

나에게 할 일이 있음이, 일터가 있음이, 손님이 있음이 감사합니다.

성심으로 일하는 우리를 미래가 발견해 주기를.

당신의 작은 성취를 응원하며.

———————— **2024년 정릉에서, 참(한)상인 하덕현**

P.S.
솔직히 술을 한 잔 마시면 전혀 다른 말을 하게 될지도 모르겠어요.
그 얘기는 다음번에.

참상인의 길

하덕현 지음

2쇄 발행	2024년 9월 10일
발행, 편집	파이퍼프레스
디자인	신서영
표지 일러스트	임혜빈

ISBN	979-11-985935-6-6 03190

파이퍼	서울시 마포구 신촌로2길 19, 3층
	전화 070-7500-6563
	이메일 team@piper.so
	논픽션 플랫폼 파이퍼 piper.so